Riche et heureux

Catalogage avant publication de Bibliothèque et Archives nationales du Québec et Bibliothèque et Archives Canada

Strelecky, John P.
    Riche et heureux! : faites ce que vous voulez, quand vous le voulez!
    Traduction de : How to be rich and happy.
    ISBN 978-2-89436-320-1
    1. Succès – Aspect psychologique. 2. Bonheur. 3. Richesse – Aspect psychologique. I. Brownson, Tim. II. Titre.

BF637.S8S7714 2011   158.1   C2011-941806-1

Nous reconnaissons l'aide financière du gouvernement du Canada par l'entremise du Programme d'aide au développement de l'édition (PADIÉ) pour nos activités d'édition.

Nous remercions la Société de développement des entreprises culturelles du Québec (SODEC) pour son appui à notre programme de publication.

© 2009 par John P. Strelecky and Tim Brownson. Publié originalement par la maison Aspen Light Publishing sous le titre *How to be Rich and Happy*.

Traduction : Alain Williamson
Infographie de la couverture : Marjorie Patry
Mise en pages : Interscript

Éditeur : Les Éditions Le Dauphin Blanc inc.
    Complexe Lebourgneuf, bureau 125
    825, boulevard Lebourgneuf
    Québec (Québec) G2J 0B9 CANADA
    Tél. : (418) 845-4045 Téléc. : (418) 845-1933
    Courriel : info@dauphinblanc.com
    Site Web : www.dauphinblanc.com

ISBN : 978-2-89436-320-1

Dépôt légal : 4e trimestre 2011
        Bibliothèque nationale du Québec
        Bibliothèque nationale du Canada

Limites de responsabilité
L'auteur et l'éditeur ne revendiquent ni ne garantissent l'exactitude, le caractère applicable et approprié ou l'exhaustivité du contenu de ce programme. Ils déclinent toute responsabilité, expresse ou implicite, quelle qu'elle soit.

John P. Strelecky
et Tim Brownson

Riche et heureux

Faites ce que vous voulez, quand vous le voulez !

Traduit de l'anglais
par Alain Williamson

Le Dauphin Blanc

Autres livres des auteurs

Le Why Café, John P. Strelecky, Le Dauphin Blanc, 2009.

Le safari de la vie, John P. Strelecky, Le Dauphin Blanc, 2010.

Les 5 Grands Rêves de Vie, John P. Strelecky, Le Dauphin Blanc, 2011.

Don't Ask Stupid Questions – There Are No Stupid Questions,
Tim Brownson.

Table des matières

Remerciements

Nous sommes reconnaissants envers plusieurs personnes inspirantes qui, au cours des deux dernières décennies, ont gentiment partagé avec nous leurs histoires riches et heureuses. Sans leurs visions et leurs conseils au sujet de la formule riche et heureuse, ce livre n'aurait jamais pu être écrit.

Un merci spécial à Dave Raymond de *crossridgeinc.com* pour son aide à la conception et à la création de www.howtoberichandhappy.com et à Tracy O'Connor de *Ihatemymessageboard.com* pour son aide concernant Facebook.

« Notre plus grande peur n'est pas d'être inadéquats. Notre plus grande peur est d'être plus puissants que nous le croyons. »

— Marianne Williamson

Message des auteurs

Félicitations! Vous avec entrepris l'étape la plus importante de votre vie. Vous avez décidé de décider! Vous avez choisi de choisir votre vie au lieu de vivre la vie que d'autres avaient choisie pour vous. Et ce premier pas vous fait entrer dans un groupe de gens à part.

Et si vous lisez les informations contenues dans ce livre et si vous les appliquez dans votre vie, vous ferez partie d'un groupe de gens encore plus sélects : ceux qui sont *riches et heureux*.

En entreprenant cette aventure, vous vous demanderez peut-être comment le projet de ce livre est né. Vous vous demanderez peut-être comment et pourquoi un auteur de livres à succès dans le domaine de l'inspiration, dont les ouvrages sont traduits en vingt langues (John), et un *coach* de vie provocateur qui détient les blogues les plus surprenants sur le *coaching* et la réussite (Tim), ont décidé de s'unir pour écrire un livre intitulé *Riche et heureux*.

La raison est, en fait, dans les pages qui suivent. Elle se trouve en partie dans l'histoire personnelle décrite dans le premier chapitre. Vous comprendrez alors notre motivation, à nous, auteurs, à découvrir la formule de la richesse et du bonheur. Quant à la raison pour laquelle nous avons écrit ce livre, c'est que nous avons simplement écouté ce que les gens demandaient.

Nous sommes amis depuis de nombreuses années. Bien que nous œuvrions dans des sphères différentes (Tim est *coach* de vie et il tient un blogue, tandis que John est auteur et conférencier) et que nos styles soient très différents (Tim est partisan de l'humour britannique alors que John est plus sérieux et cherche à inspirer), nous avons un objectif de vie similaire : aider les gens. C'est sur cette base que notre amitié a commencé.

Lorsque nous nous rencontrons pour une partie de golf ou pour un dîner et que nous échangeons sur le déroulement des choses et sur ce que les gens nous disent, nous en venons tous les deux à la même conclusion : les gens luttent pour survivre.

Par nos échanges avec les gens et nos propres expériences de vie, nous savions que, même s'ils n'étaient pas toujours capables de l'exprimer concrètement, les gens voulaient être riches et heureux. Tim le constatait lors de ses consultations individuelles avec les gens et par son blogue et John le constatait lors d'événements auprès d'un large public.

Lorsque les gens nous ont demandé sur quel projet nous travaillions, nous avons commencé à répondre que nous élaborions un projet de livre expliquant comment être riche et heureux. Chaque personne nous répondait alors quelque chose comme : « C'est le livre dont j'ai besoin. »

Si vous avez lu les autres livres de John, soit *Le Why Café*, *Le safari de la vie*, *Les 5 Grands Rêves de Vie*, vous constaterez que celui-ci est très différent. Alors que ses livres précédents racontent des histoires aux messages inspirants, *Riche et heureux* est concret et pratique. Cela dit, le but de ce livre est le même que celui des précédents : aider les gens à vivre la vie qu'ils désirent.

Bien que nous ayons écrit ce livre ensemble, pour en faciliter la lecture, nous avons choisi de l'écrire comme s'il n'y avait qu'un seul auteur. Le mot *je* est ici le collectif de nos *je* respectifs. Vous pouvez nous voir comme une expérience scientifique qui aurait mal tourné. Nos cerveaux et nos expériences personnelles ont été fondus en une seule personne ! Le fait est qu'il est beaucoup plus facile de livrer les histoires et les informations selon cette formule qu'en tentant de préciser qui dit quoi.

Maintenant, partons à la quête de ce que vous voulez et méritez : être riche et heureux.

John et Tim

Introduction

Tout au long de ce livre, vous noterez que je fais référence à la formule qui, au cours de mes vingt ans de carrière, a rendu des milliers de personnes non seulement riches, mais riches et heureuses!

La puissance de cette formule a été mise en évidence par la vie de Benjamin Franklin, l'un des pères fondateurs des États-Unis, qui vécut il y a deux cents ans déjà. C'est cette même formule que Bill Gates, l'homme le plus riche de la planète et dont la valeur nette dépasse les vingt-trois milliards de dollars – celui-là même qui avait été renvoyé du collège –, a commencé à utiliser alors qu'il n'était qu'un garçon de treize ans.

Lorsque j'ai commencé à découvrir les différentes facettes de la formule, elles m'ont laissé une impression indélébile. J'étais motivé à y méditer, à y réfléchir, à chercher des exemples de leur impact dans la vie de tous ceux que je croisais et, bien sûr, à les utiliser.

Par mes recherches et mes propres expériences avec la formule, j'ai compris qu'elle établissait la différence entre les gens qui étaient riches et heureux et ceux qui ne l'étaient pas. La connaissance et l'utilisation de la formule faisaient toute la différence.

Ce livre explique la formule et la façon dont elle a été déterminante dans la vie de gens de tous les milieux et de toutes les nationalités. Des milliers de gens ont utilisé cette formule et en ont récolté les bénéfices.

Témoin des effets bénéfiques de la formule sur de jeunes personnes du monde entier, j'affirme que si elle était enseignée aux jeunes très tôt dans leur vie, l'humanité connaîtrait un avenir d'innovation, de coopération et de satisfaction comme jamais auparavant.

Peut-être souhaiterez-vous, comme bien d'autres avant vous, participer activement à l'avènement d'un tel futur après avoir lu ce livre et après avoir goûté les bienfaits de la formule.

Au fil des pages, vous apprendrez pourquoi cette formule du succès fonctionne pour tous ceux qui l'utilisent. Vous verrez comment un dénommé Eiffel s'en est servi pour générer des millions de dollars et comment il a inscrit son nom dans l'histoire en faisant ce qu'il aimait.

Toutes les histoires vraies de ce livre illustreront ce que la formule peut faire pour vous. Elle peut vous permettre de faire le saut de votre vie actuelle à la vie dont vous rêvez. Des milliers d'hommes et de femmes l'ont mise en pratique et en ont retiré les bénéfices.

Pour un jeune homme, ce fut un voyage de deux ans en Asie tandis que son compte de banque augmentait de lui-même. Il se servait de ce que vous allez découvrir comme étant la zone 3 de la matrice riche et heureuse.

Pour un autre homme, cela se traduisit par l'achat d'une montagne au Costa Rica où il passait ses après-midi à faire du surf ou à jouer sur la plage avec sa famille.

Martin Strel, nageur autodidacte, utilisa la formule pour inscrire un record Guinness et devint le premier homme à descendre à la nage le fleuve Amazone. Son exploit lui valut une renommée internationale, un livre sur ses aventures, des offres de conférences et un film qui gagna un prix.

Sam Horn, auteure et consultante extraordinaire, s'est servie de la formule pour se bâtir une vie où elle fait ce qui la rend heureuse et où elle apporte de la joie à des dizaines de millions de lecteurs autour du monde, et ce, à un taux horaire plus élevé que son ancien revenu annuel.

Cette formule riche et heureuse est presque constamment reprise dans les pages qui suivent. Si vous regardez bien et si vous êtes prêt à en tirer profit, elle est là, disponible, sous vos yeux. Tout ce qui vous est demandé est de l'utiliser.

Si votre vie a pris une direction qui vous épuise et qui vous laisse peut-être un sentiment de désespoir, si vous sentez que les défis que vous avez eus à affronter ou que vous affrontez en ce moment sont insurmontables, alors abreuvez-vous des exemples donnés dans le livre et laissez-les être des sources d'inspiration.

Cette formule a permis à une femme célibataire d'un petit village africain de se tenir debout devant la tyrannie qui faisait rage autour d'elle et de créer un mouvement pour favoriser la plantation de plus de trente millions d'arbres et ainsi permettre de reboiser une nation entière. Elle a été la première femme africaine à obtenir un prix d'envergure, soit le prix Nobel de la paix accompagné d'une bourse d'un demi-million de dollars.

La formule a été un élément d'importance pour des millions d'autres personnes qui, à l'image de cette femme africaine, se sont relevées des tragédies, non seulement pour survivre, mais aussi pour prospérer.

Une fois qu'ils l'ont découverte et mise en application, les gens réalisent que la formule les propulse littéralement vers une vie riche et heureuse. Comme une feuille aux couleurs vives transportée par un rapide courant d'eau, ils sont emportés par le courant du succès, selon leur propre définition du succès.

Une facette particulière de la formule est qu'elle n'est pas remarquée par les gens qui ne la cherchent pas ou qui ne sont pas prêts à la recevoir. Je le sais très bien personnellement, car comme vous le lirez au prochain chapitre, j'ignorais totalement la formule jusqu'à une certaine matinée capitale. Pourtant, elle avait toujours été là.

Ne vous inquiétez surtout pas de votre niveau de scolarisation. La diversité des gens qui ont bénéficié de la formule prouve que la scolarité n'est pas une condition pour l'utiliser. Elle donne des résultats à des gens qui ont peu fréquenté l'école comme à ceux qui ont atteint de hauts niveaux d'éducation. D'ailleurs, plusieurs personnes qui sont devenues riches et heureuses étaient issues de milieux modestes où la scolarité n'était pas privilégiée.

Comment puis-je affirmer tout cela avec une telle certitude ? Cela sera évident à mesure que vous lirez ce livre. Il y aura un moment où un déclic se fera en vous et où vous saisirez parfaitement la formule.

Ce sera peut-être à la lecture des premiers chapitres, dans lesquels vous apprendrez le rendement riche et heureux (RRH), ou peut-être à la fin du livre, où les dernières histoires vous inspireront. Sachez seulement que si vous lisez en gardant un esprit ouvert et une intention pure, le déclic se fera.

Au cours des vingt dernières années, j'ai observé la vie de milliers d'hommes et de femmes qui sont devenus riches et heureux. Bien que chaque personne ait sa propre histoire, le point commun de leur succès était la formule.

Ces individus ne sont qu'une fraction de tous les gens partout dans le monde qui peuvent témoigner, par leurs résultats, que la connaissance et l'utilisation de la formule sont la clé pour devenir riche et heureux. Pour tout vous dire, je n'ai jamais rencontré ni observé une seule personne qui ne soit pas devenue riche et heureuse lorsqu'elle comprenait et utilisait la formule. Je n'ai jamais non plus trouvé une personne qui soit devenue riche et heureuse sans suivre la formule. C'est vous dire toute son importance. Tout au long des pages de ce livre, la formule semblera jaillir des mots et vous aurez l'impression que tout votre univers a basculé dans une direction positive, si vous êtes ouvert à cette possibilité ! Lors de ces moments que vous reconnaîtrez, fermez les yeux, souriez et prenez une longue et profonde inspiration, car ils marqueront des instants importants de votre existence.

La connaissance acquise est un actif qui peut vous rapporter des dividendes durant votre vie entière, et personne ne pourra jamais vous l'enlever.

Gardez toujours à l'esprit que ce qui est écrit dans ce livre concerne des faits, non des opinions. **C'est la vérité, pas de la fiction.**

Le livre a été écrit de façon que vous, ou toute personne ouverte à cette idée, puissiez découvrir la formule pour être riche et heureux et que vous soyez motivé à la mettre en action.

Voici un dernier commentaire avant que vous amorciez votre voyage dans les pages qui suivent. Tous les moments riches et heureux qui sont survenus ou qui surviennent encore maintenant sont issus d'une seule pensée : je veux être riche et heureux. Si vous avez ce désir, et que vous êtes prêt à accueillir les bienfaits qu'il vous apportera, alors vous avez la moitié du chemin de parcouru. L'autre moitié se révélera à vous dans les pages qui suivent.

CHAPITRE 1

« Mon automobile est en feu ! »

Chaque personne qui a découvert la formule riche et heureuse a connu un moment marquant qui l'a projetée dans cette quête. Ce commencement est d'ailleurs souvent mémorable. Pour moi, ce moment est survenu sur l'autoroute 88 Ouest qui me conduisait en dehors de Chicago. J'avais vingt et un ans et je vivais « sur » le seuil de pauvreté.

C'était une journée très froide de février. Je me dirigeais vers le travail. Je travaillais comme serveur et je gagnais 2,01 dollars de l'heure, plus les pourboires, dans une chaîne de restaurants appelés Bennigans. Mon revenu annuel s'élevait à tout juste un peu plus de sept mille dollars. Cela me foutait le cafard.

Un des avantages de cet emploi était qu'à l'heure du *lunch*, on pouvait commander le menu des employés gratuitement. Il y avait huit choix sur le menu. La plupart des employés en commandaient un seul. Moi, je commandais tous les mets. C'était souvent mon seul repas de la journée.

Mais, revenons à ma voiture en flammes.

En réalisant que des flammes jaillissaient du capot de ma voiture, j'ai crié la phrase qui, aujourd'hui, est un bon souvenir à cause de ce qui en a découlé, mais qui, à ce moment-là, exprimait ma panique : « Mon automobile est en feu ! Oh ! mon Dieu, mon automobile est en feu ! »

J'ai alors ralenti et me suis rangé sur l'accotement de l'autoroute. Après avoir tiré la manette pour ouvrir le capot, j'ai bondi hors de l'auto. La circulation était dense ; les voitures filaient à vive allure tout près de moi et les conducteurs klaxonnaient constamment. Personne ne s'arrêtait pour m'aider. Ce n'était qu'un concert de klaxons pour m'aviser que mon véhicule était en feu, comme si j'avais pu ne pas m'en rendre compte !

J'ai couru à l'avant de l'automobile et j'ai soulevé le capot. Les flammes étaient vives et elles semblaient prendre de l'ampleur. J'ai tout de suite couru vers le coffre arrière pour voir si j'y trouverais de l'eau, mais en vain. Je n'avais pas d'eau avec moi. Dans ma panique, j'ai pensé que le lave-glace, puisque c'était un liquide, pourrait être une solution pour éteindre les flammes.

Cela s'avéra une mauvaise décision.

Le lave-glace contient une grande concentration d'alcool. Comme je l'ai appris en le versant sur les flammes, il a eu l'effet contraire et il a alimenté le feu qui ravageait maintenant tout le moteur.

« De la terre ! ai-je pensé. Il me faut de la terre pour étouffer le feu. »

Malheureusement, en février, dans les environs de Chicago, le sol a plutôt tendance à être gelé. J'ai donc eu peu de succès à essayer de ramasser de la terre sur le bord de la route. J'ai alors ramassé tout ce qui pouvait l'être : cailloux, gravier et petits débris d'asphalte ou de terre, et j'ai jeté le tout sur le feu. J'ai répété l'opération une vingtaine de fois. Et croyez-le ou non, la stratégie fonctionna.

Une fois les flammes éteintes, je suis resté planté là, au grand vent et sans savoir ce que j'allais faire. Je n'avais pas de téléphone portable, la température était bien en deçà du point de congélation et j'étais à plus de deux kilomètres de la prochaine sortie, soit celle que j'empruntais pour me rendre au boulot.

Ce fut alors mon moment déterminant.

Debout, sur le bord de l'autoroute, tout près de ma voiture ravagée par le feu, j'ai décidé à cet instant précis que quelque chose allait changer dans ma vie. Non pas que j'aimerais que quelque chose change ni que ce serait bien si quelque chose changeait. Non, j'ai décidé que quelque chose allait changer. C'est alors que la formule m'éclaira.

À partir de ce jour, je n'ai cessé d'étudier le fonctionnement de la formule. J'ai interviewé des milliers de personnes, j'ai scruté leur vie pour découvrir leurs «trucs», certaines nuances et les différentes facettes de l'application qu'elles faisaient de la formule.

Ce sont mes découvertes que je vais vous partager dans ce livre.

«Pourquoi ?» me demanderez-vous peut-être. «Pourquoi ne pas te contenter de simplement utiliser la formule pour ton propre bénéfice ? »

D'abord, croyez-moi, j'ai largement utilisé la formule et j'en ai retiré des bénéfices colossaux.

Le jour où la formule m'éclaira, lorsque mon véhicule a flambé, j'avais vingt et un ans, je vivais sur le seuil de pauvreté et j'étais désespéré.

J'étais aussi loin d'être riche et heureux que l'on puisse l'imaginer.

Grâce à la formule, j'ai évité le piège de la routine du «neuf à cinq» une trentaine d'années avant ce que j'aurais cru possible, et ce, sans jamais y retourner.

Grâce à la formule, j'ai voyagé à travers le monde et j'ai passé parfois jusqu'à neuf mois consécutifs à explorer les endroits les plus étonnants de la planète : l'Amazone, la Grande Muraille de Chine, les forêts tropicales du Costa Rica et du Brésil, le Colisée de Rome, le Panthéon de la Grèce, les plaines d'Afrique…

C'est ce qui m'a permis de devenir un auteur de livres à succès et d'être invité à partager mes visions et mes idées avec des auditoires de partout dans le monde.

Ce qui est peut-être encore plus important et peut-être aussi plus inspirant pour certains lecteurs, c'est qu'après mon incident sur la route et le sentiment de désespoir par rapport à ma vie, j'ai appris grâce à la formule comment vivre dans un état de bonheur véritable.

Alors, oui, j'ai assurément utilisé la formule pour mon propre bénéfice.

J'ai pris la décision de vous révéler dans un livre mes trouvailles des vingt dernières années concernant la formule pour une raison bien simple : je sais comment on se sent à vingt et un ans, sur le bord d'une route, devant son automobile ravagée par le feu, sans espoir, seul, avec le sentiment d'être aussi bas que l'on puisse l'être, de ne pas pouvoir s'en sortir et de ne pas parvenir un jour à être heureux.

Une fois que l'on connaît la formule, tout change. J'ai écrit ce livre pour aider les gens à la connaître, car à notre époque particulièrement, il y a tellement de gens qui se sentent comme je me sentais lorsque mon véhicule a pris feu.

Soyez conscient que certaines facettes de la formule seront totalement nouvelles pour vous. Cela signifie que vous devrez lire avec un esprit ouvert si vous voulez en tirer profit. Albert Einstein a déjà dit : «La définition de la folie est de répéter les mêmes choses encore et encore en espérant des résultats différents.»

La plupart des gens passent leur vie à répéter la folie. Les gens riches et heureux ne le font pas.

D'autres aspects de la formule pourront vous rappeler ce que vous avez déjà lu dans d'autres bouquins. Cela ne doit pas vous surprendre. Ni moi ni les gens que j'ai interviewés et observés ne sommes les seuls à avoir atteint l'état riche et heureux.

La planète est vaste. Son histoire est riche et elle accueille des milliards de personnes. D'autres personnes riches et heureuses ont gentiment partagé elles aussi dans des livres ce qu'elles ont découvert. D'ailleurs, certaines personnes que j'ai interviewées l'ont fait.

Puisque l'on ne peut être riche et heureux sans connaître la formule, il n'est pas surprenant que certains livres tiennent le même discours, même si la terminologie diffère parfois.

En fait, c'est une excellente chose qu'il en soit ainsi. Les gens ne liront pas tous les mêmes livres et chaque livre n'aura pas le même impact sur tous les lecteurs. Plus les gens ont des possibilités d'approfondir la formule, mieux c'est.

Je vous encourage à aborder chaque page de ce livre avec une ouverture d'esprit. Sinon, la formule vous échappera.

Vous n'avez jamais été à ce point précis de votre vie auparavant. Ainsi, peu importe si ce que vous allez lire peut sembler familier, en vérité, ce sera nouveau puisque cela concernera votre vie actuelle.

Permettez-moi de vous mettre en garde contre un défaut de personnalité qui peut, plus que tout, vous ralentir et même vous faire dévier de votre quête pour être riche et heureux. Je sais de quoi je parle, car pendant longtemps j'ai traîné ce défaut. Il m'a longtemps empêché de vivre comme je le souhaitais. C'est le défaut de chacun de nous.

Il se manifeste ainsi : vous entendez ou vous lisez quelque chose de stimulant ou d'inspirant et immédiatement, vous commencez à chercher le scénario possible dans lequel ce n'est pas vrai. J'ai fait cela tellement souvent.

J'écoutais un conférencier, je conversais avec quelqu'un de riche et heureux ou je lisais un passage dans un livre expliquant que telle ou telle chose était possible, et instantanément, je me concentrais à essayer de trouver le scénario qui contredirait le tout.

J'aurais pu entendre une phrase motivante, par exemple « être riche et heureux est possible pour tous ceux qui le désirent ». J'aurais alors tout de suite pensé : « Bien sûr, bien sûr, et qu'en est-il du gardien d'un troupeau de yacks sur une des montagnes de l'Himalaya qui vient tout juste de chuter, de se briser les deux jambes, dont les yacks se sont éparpillés et dont la bouteille d'eau s'est fendue dans sa chute, etc. »

Je crois que vous voyez le tableau. Les exemples que j'apportais pour trouver une contradiction étaient toujours si éloignés de la réalité qu'ils en étaient ridicules. Ce qui n'était pas drôle, en revanche, c'est que cette habitude m'empêchait de concentrer mon temps et mes énergies sur ce qui comptait vraiment : les leçons à apprendre.

Cela n'a pas d'importance si ce que vous allez lire s'applique ou non à chaque personne dans chaque situation.

La question que vous devez vous poser est celle que tous les gens riches et heureux se posent : « Cela peut-il fonctionner pour moi ? »

Ne vous occupez pas des autres. Ils prendront soin d'eux-mêmes.

Allez ! Empruntez la route qui vous conduira à être riche et heureux.

CHAPITRE 2

Si vous ne savez pas, vous n'aurez pas !

« Poursuis tes rêves et l'Univers ouvrira des portes là où tu ne voyais que des murs. »
— Joseph Campbell

Au bout de mes vingt ans de recherches sur la formule, j'en suis arrivé à établir une définition générale de ce qu'est être riche et heureux. Malgré la simplicité de cette définition, en prendre conscience s'est avéré une étape essentielle pour tous ceux qui sont parvenus à être riches et heureux.

Être riche et heureux signifie avoir la possibilité de faire tout ce que l'on veut, et ce, quand on le veut.

Les éléments *tout ce que l'on veut* et *quand on le veut* prennent un sens différent pour chaque personne. Dans presque 100 % des cas, la définition globale est la même. Vous remarquerez que la définition ne dit rien au sujet de l'argent parce que, pour la majorité des gens riches et heureux, l'argent n'est pas un but. L'argent n'est qu'un véhicule qu'ils utilisent pour payer ce qu'ils désirent, quand ils le désirent.

Si vous doutez que l'argent ne soit pas le but, imaginez le scénario suivant. Quelqu'un vous donne vingt millions de dollars sur lesquels vous n'avez aucun impôt à payer. La somme est entièrement à vous. Comment vous sentez-vous ? Riche ? Heureux ?

Et que diriez-vous si vous n'aviez pas le droit de dépenser, d'investir, de prêter cette somme ni même d'en parler à qui que ce soit? Bref, vous ne pouvez rien faire avec cet argent, sauf le regarder. Et quand vous mourrez, vous ne pourrez pas le laisser en héritage. La personne qui vous l'a donné le reprendra tout simplement. Maintenant, comment vous sentez-vous?

Soudainement, avoir tout cet argent n'a plus le même attrait, non?

Pour être riche et heureux, vous devez être capable de voir au-delà de l'argent pour trouver ce que vous désirez faire durant votre passage sur terre.

Même pour les rares personnes pour lesquelles l'argent fait partie intégrante des éléments qui constituent leur définition personnelle de la richesse et du bonheur, il y a toujours quelque chose d'autre au-delà de l'accumulation des richesses.

L'investisseur multimillionnaire Warren Buffet en est un exemple. Bien que faire de l'argent soit en partie ce qu'il veut accomplir durant sa vie, il a souvent mentionné en entrevues que l'accumulation d'argent n'était qu'un jeu. C'est en partie ce qui rend sa vie amusante et intéressante. La récompense de ce jeu, ou la façon pour lui de savoir qu'il a gagné, est l'argent. Dépenser de l'argent n'a pas tant d'attrait pour lui, sauf si c'est pour investir ou pour acheter des entreprises.

La raison pour laquelle il est important de bien saisir qu'être riche et heureux, c'est avoir la possibilité de faire ce que vous voulez quand vous le voulez est la suivante: **avant d'être riche et heureux, vous devez définir ce qu'être riche et heureux signifie pour vous. En d'autres mots, vous devez connaître ce que vous voulez faire de votre vie.**

Dans cette affirmation réside une clé. En dépit de tout ce que les campagnes de publicité pour les voitures de luxe tentent de vous faire croire, être riche et heureux ne veut pas dire la même chose pour tous les gens. Et jusqu'à ce que vous ayez défini ce que cela signifie pour vous, vous ne pourrez être riche et heureux. C'est vraiment ainsi que cela fonctionne.

Imaginez les vacances de vos rêves. Une ancienne vedette de la télé, recyclée en porte-parole pour une quelconque organisation, frappe à votre porte. En ouvrant, elle vous tend un de ces immenses chèques et vous apprend que vous venez tout juste de gagner les vacances de vos rêves. « Faites vos valises, l'avion décolle dans trois heures. »

Avant même que vous ayez eu le temps de la remercier ou de lui demander ce qu'elle a fait au cours des quinze dernières années, car elle était l'animatrice de votre émission préférée, la vedette est déjà repartie et vous a laissé seul sur le seuil de la porte.

Vous vous précipitez à l'intérieur, ouvrez votre valise et réalisez soudainement que vous n'avez aucune idée de ce que vous devez apporter. Des vêtements chics ou tout-aller ? Le costume de bain ou l'habit de ski ? Des bottes de marche ou des souliers de toile ? Vous n'en avez aucune idée. Vous ne savez pas non plus comment vous pourrez trancher. Vous êtes coincé dans un état de confusion.

C'est ainsi que la majorité des gens passent leur vie. Et c'est en grande partie pourquoi ils ne sont pas riches et heureux.

Dans certains cas, il est même possible que des gens aient déjà tout ce dont ils ont besoin pour être riches et heureux sans le savoir, parce qu'ils ignorent ce qu'ils veulent faire.

Cela vous semble insensé ? C'est pourtant vrai, et en voici un exemple :

En voyageant au Costa Rica, il y a quelques années, j'ai fait la connaissance de Tony. Tony venait de San José, en Californie, et vivait avec sa femme et ses deux filles dans un endroit merveilleux appelé Manuel Antonio. Il passait ses journées à relaxer, à lire et à pratiquer ses loisirs préférés, dont jouer de la guitare et apprendre l'espagnol.

Deux ans auparavant, alors qu'il avait 48 ans, Tony était sur le point de faire une dépression nerveuse. Sa femme et lui travaillaient quatorze heures par jour, l'un dans la haute technologie et l'autre dans la biotechnologie. Ils voyaient brièvement leurs filles en fin de soirée en semaine et occasionnellement les fins de semaine lorsqu'ils ne travaillaient pas.

Un beau jour, le cœur de Tony lui rappela cruellement qu'il n'était pas immortel.

Alors qu'il se remettait d'une importante chirurgie cardiaque, Tony eut une longue discussion avec sa femme sur ce que voulait dire être riches et heureux pour eux.

Trois mois plus tard, ils vendaient leur maison, ils échangeaient leurs actions, ils capitalisaient sur chaque actif qu'ils avaient, et avec les quelque quatre cent mille dollars qu'ils amassèrent, ils achetaient une montagne à Manuel Antonio.

Leur montagne s'étend jusqu'à la plage. Chaque soir, avant que le soleil ne se couche, toute la famille se rend à la plage et joue des parties familiales de volleyball avec les gens des alentours. C'est d'ailleurs là que j'ai rencontré Tony.

Durant mes conversations avec Tony, j'ai appris qu'il aurait pu prendre cette décision des années auparavant. En réalité, sa situation financière s'était quelque peu affaiblie tandis que son entreprise connaissait des hauts et des bas durant quelques années.

Ce n'est qu'après son séjour à l'hôpital que lui et sa femme ont pris le temps d'identifier ce qu'ils voulaient vraiment, ce que signifiait pour eux être riches et heureux.

Dans le but de vous éviter un séjour à l'urgence de l'hôpital, permettez-moi d'être très clair : **les gens riches et heureux le sont devenus en sachant précisément ce que cela signifiait pour eux. Ils le savaient dans leur esprit avant que cela devienne une réalité dans leur vie.**

Peut-être n'avez-vous pas quatre cent mille dollars en actif actuellement, ou peut-être l'avez-vous. Mais cela ne signifie pas pour autant que vous souhaitiez acheter une montagne au Costa Rica. Comme vous le verrez plus loin dans le livre, les actifs ont plusieurs natures. Je peux vous garantir que vous en avez certains dont vous n'avez pas conscience. Et ils valent beaucoup !

Pour l'instant, la leçon importante à retenir est que la première étape consiste à définir ce que signifie pour vous être riche et heureux. Si cela vous semble une tâche ardue, ne vous en faites pas. Les prochains chapitres vous aideront dans votre démarche.

D'ici là, permettez-moi un autre conseil.

J'ai appris avec le temps que toutes les étapes de la formule sont importantes. Comparez cela à réchauffer une pizza congelée. Vous devez suivre quatre étapes : 1) allumer le four ; 2) déballer la pizza ; 3) placer la pizza au four pendant douze à seize minutes ; et 4) retirer la pizza du four et savourer. Si vous n'êtes pas convaincu que toutes les étapes sont importantes, essayez de sauter l'étape 1 ou omettez l'étape 2. Dans les deux cas, votre pizza ne sera pas très alléchante !

Si vous voulez que la formule pour être riche et heureux fonctionne dans votre vie, vous devez suivre consciemment toutes les étapes.

Et cela inclut l'action. Si vous voulez obtenir une pizza cuite à point et délicieuse, vous devez, à un moment ou à un autre, la mettre au four et la faire cuire. Lire les instructions – ou même les connaître par cœur – ne suffit pas. Vous devez faire des actions au cours du processus.

C'est la même chose avec la formule. Une des caractéristiques communes des gens riches et heureux, c'est qu'ils ne se contentent pas de connaître les étapes de la formule, ils les réalisent.

J'ai déjà entendu une histoire, à la fois amusante et triste, au sujet d'un animateur d'un séminaire de développement personnel. Cet animateur avait demandé aux participants de lever la main s'ils avaient lu le livre classique de Napoleon Hill, *Réfléchissez et devenez riche*.

Presque tous les participants levèrent la main. Il demanda ensuite combien de personnes croyaient aux principes expliqués dans ce livre. Une fois de plus, presque tous les participants levèrent la main.

Finalement, l'animateur demanda combien de personnes avaient mis en pratique les principes du livre. Cette fois, une seule main se leva. La sienne.

Au début de ma quête pour devenir riche et heureux, je me suis souvent senti coupable de ne pas mettre en application toutes les facettes de la formule que j'apprenais. Bien sûr, j'avais toujours l'intention de le faire et je me disais que j'y reviendrais plus tard.

Ce type de comportement vous éloigne d'une vie riche et heureuse. Gardez cela à l'esprit tout au long de ce livre et commencez par l'exercice du prochain chapitre.

CHAPITRE 3

Pour quoi seriez-vous prêt à mourir ?

Pour quoi seriez-vous prêt à mourir ? Voilà une question provocante, non ? Cela est aussi une bonne façon de découvrir ce que vous désirez faire durant votre vie.

Voyez-vous, cette question ouvre votre esprit à découvrir ce qui compte le plus pour vous dans la vie. Elle vous aide à découvrir votre boussole intérieure, les forces intérieures qui vous guident et qui vous incitent à tourner à gauche ou à droite, à avancer ou à faire demi-tour.

Elle vous aide à découvrir vos valeurs.

Pour vous aider à bien saisir l'importance de cette information, sachez que vous ne pouvez être riche et heureux si vous ne connaissez pas vos valeurs. De la même façon, vous ne pourrez être riche et heureux si vous essayez de vivre à l'encontre de vos valeurs. Il n'y a aucune exception à ces règles.

En d'autres mots, c'est un aspect clé de la formule.

Si vous vous interrogez à savoir si vous vivez actuellement en accord avec vos valeurs, posez-vous les questions suivantes : « Suis-je riche et heureux ? Est-ce que je fais ce que je veux, et ce, quand je le veux ? » Si les réponses sont négatives, c'est un bon indice que vous n'êtes pas aligné sur vos valeurs. La bonne nouvelle, c'est qu'en poursuivant votre lecture, vous apprendrez à y remédier.

Le livre *Flow*[1] de Mihaly Csikszentmihalyi porte le sous-titre *The Psychology of Optimal Experience* («La psychologie de l'expérience optimale»). Csikszentmihalyi a judicieusement choisi ses titres et sous-titres. *Flow* peut se traduire par «flotter», «être porté par le courant» ou tout simplement le «courant». Il décrit un état dans lequel on se retrouve, du moins occasionnellement, et où tout semble survenir sans que l'on fasse d'efforts. Comme si, après avoir pagayé ardemment contre le courant pendant un temps, soudainement, quelqu'un tournait gentiment votre embarcation dans le sens du courant. Au lieu de lutter contre le cours d'eau, vous seriez porté par le courant. Vous utilisez alors la puissance de la nature et l'élan donné par le courant pour vous propulser.

C'est un sentiment extraordinaire, ou comme le décrit Csikszentmihalyi, une expérience optimale.

Ce sentiment peut survenir alors que vous travaillez sur un projet, que vous faites une activité sportive (on parle alors d'être dans sa zone ou dans sa bulle), que vous êtes en relation avec les autres ou dans différentes situations. Peu importe la sphère de votre vie dans laquelle survient une telle expérience, vous serez enveloppé d'un sentiment d'aisance.

Ce sentiment est comparable à celui que vous aurez en étant aligné sur vos valeurs.

À l'inverse, pensez aux fois où vous êtes dans la procrastination ou dans l'ennui, aux fois où vous êtes stressé et anxieux. Dans ces moments-là, croyez-vous que vous vivez en accord avec vos valeurs? Laissez-moi vous répondre sans chercher plus loin: aucunement!

Aimeriez-vous pouvoir vivre de telles expériences optimales, cet état d'être porté par le courant, aussi souvent que vous le voulez? Les gens riches et heureux y arrivent. Dès que vous aurez compris l'importance d'identifier vos valeurs et d'agir en accord avec elles, vous pourrez y parvenir vous aussi.

---

1. En français, *Vivre, La psychologie du bonheur*, Pocket, 2006.

Je suis convaincu qu'à un moment ou à un autre dans votre vie, vous vous êtes demandé : « Qu'est-ce qui est important pour moi ? » ou vous avez eu une réflexion en ce sens. C'est un bon départ pour identifier vos valeurs.

Vous devez aller dans cette direction, mais plus loin encore, jusqu'au cœur de votre identité.

Cela vous semble-t-il intéressant ? Attendez, le meilleur est à venir.

Les tableaux qui suivent dressent une liste de valeurs et également de ce que j'appelle les antivaleurs. Pour l'instant, ne faites que lire cette liste à titre de référence.

Après vous avoir parlé de l'importance de connaître vos valeurs, j'expliquerai dans les prochaines pages comment identifier vos valeurs et vos antivaleurs ainsi que leur impact sur la vie riche et heureuse que vous souhaitez et que vous méritez.

Valeur		
Amour	Discipline	Persévérance
Authenticité	Diversité	Plaisir
Aventure	Engagement	Positivisme
Beauté	Excellence	Pouvoir
Bonheur	Gentillesse	Prudence
Clarté	Gratitude	Reconnaissance
Communauté	Honnêteté	Richesse
Confiance	Humilité	Sagesse
Confort	Humour	Santé
Connaissance	Intégrité	Sécurité
Connexion	Justice	Service
Conscience	*Leadership*	Sincérité
Contrôle de soi	Liberté	Spiritualité
Courage	Ouverture	Stabilité
Créativité	Paix	Unité
Croissance	Passion	

Antivaleur (ou éloignement des valeurs)		
Agressivité	Frivolité	Malhonnêteté
Anxiété	Haine	Mépris
Apathie	Hypocrisie	Mort
Arrogance	Immoralité	Paresse
Avarice	Infidélité	Pauvreté
Colère	Injustice	Peur
Conflit	Inquiétude	Procrastination
Cynisme	Isolation	Snobisme
Dégoût	Jalousie	Stress
Douleur	Maladie	Suspicion

Les valeurs ne sont pas des croyances. Nous parlerons des croyances plus loin dans cet ouvrage. Pour l'instant, retenez que vos valeurs sont souvent basées sur vos croyances et qu'elles s'entremêlent entre elles. Les valeurs ont toutefois tendance à être plus statiques et plus puissantes que les croyances.

Vos valeurs se sont précisées au fil des années et, comme vos croyances, elles sont influencées par beaucoup de choses, comme votre famille (ou l'absence de famille), vos amis, la télévision, les politiciens, les *leaders* religieux, les mouvements culturels, les livres, les événements (positifs et négatifs) dont vous avez été témoin ou que vous avez vécus, les conversations que vous avez eues ou entendues, et bien d'autres choses encore.

On comprend donc pourquoi des frères ou des sœurs, même des jumeaux, peuvent avoir des valeurs et des traits de personnalité qui diffèrent.

Il n'y a pas deux personnes, incluant les jumeaux identiques, qui sont exposées aux mêmes conditions ou à un environnement entièrement identique. En conséquence, il n'y a pas deux personnes qui ont exactement les mêmes valeurs.

Vos valeurs tendent à rester les mêmes à partir de la mi-vingtaine. Vous avez plutôt tendance à chercher des informations qui fortifient les valeurs que vous avez déjà et à rejeter celles qui contrarient vos valeurs. Cela dit, sous certaines conditions, tout peut changer radicalement.

Peut-être que la santé n'a jamais été une valeur importante pour vous parce que vous avez toujours joui d'une bonne forme et d'une grande vitalité. Puis, un jour, on vous apprend que vous souffrez d'une maladie grave. La santé fera alors rapidement son chemin jusqu'à la tête de la liste de vos valeurs importantes, peu importe le rang qu'elle occupait auparavant.

De la même façon, si vous aviez toujours eu l'impression d'être dans une relation amoureuse formidable et que vous apprenez que votre partenaire fréquente quelqu'un d'autre, certaines valeurs pourraient devenir plus importantes pour vous, comme la confiance.

Il n'y a pas de bonnes ou de mauvaises valeurs. Il n'y a que des valeurs qui sont bonnes ou non pour vous. Et les valeurs des uns ne sont pas supérieures aux valeurs des autres.

Lorsque vous portez un jugement sur quelqu'un, vous le faites à partir de vos propres valeurs et vous croyez que si cette personne ne partage pas vos valeurs, elle doit sûrement être dans l'erreur. Cela est tout à fait ridicule, car si vous aviez ses gênes et ses antécédents dans la vie, vous partageriez ses valeurs. Alors, quand vous jugez quelqu'un, c'est comme si vous lui disiez qu'il a eu tort de naître dans telle famille, avec de tels parents, et d'avoir eu les expériences de vie qu'il a connues. Lorsque l'on y pense, c'est tout à fait absurde.

CHAPITRE 4

Votre remarquable esprit

J'ai une bonne nouvelle pour vous! Votre remarquable esprit connaît déjà vos valeurs. Ces dernières ne demandent qu'à pouvoir faire surface afin que vous les reconnaissiez.

Vous en doutez? Je vais vous le démontrer. Vous arrive-t-il d'avoir un sentiment instinctif à propos de quelque chose qui s'avère exact? Et quand je parle de sentiment instinctif, vous pouvez le remplacer par l'intuition si le cœur vous en dit, ou alors par la connaissance intérieure. En d'autres mots, vous arrive-t-il de «savoir» quelque chose sans pouvoir expliquer pourquoi vous le savez ni d'où vous vient cette certitude?

Et lorsque cela se présente, mais que vous ne suivez pas votre instinct ou votre intuition ou que vous essayez de rationaliser, vous arrive-t-il de le regretter?

Laissez-moi deviner... À toutes ces questions, vous allez répondre que vous avez souvent ce genre d'intuitions et que vous regrettez très souvent de ne pas les suivre.

Cet instinct ou cette intuition, c'est votre esprit subconscient.

Votre subconscient est brillant et pour rien au monde vous ne voudriez vous en passer, car il fait battre votre cœur, assure la digestion de votre nourriture, humecte vos yeux ou les fait cligner lorsque c'est nécessaire, et il effectue bien d'autres choses encore dont vous n'avez pas à vous préoccuper.

Si c'était nécessaire, votre subconscient pourrait tout à la fois faire tournoyer des assiettes, jongler avec des écureuils vivants et réciter l'œuvre complète de Shakespeare à l'envers. Il est réellement en mesure de remplir plusieurs tâches en même temps, contrairement à l'esprit conscient.

Et pour le démontrer, imaginez-vous dans une pièce remplie de personnes qui discutent alors que vous êtes engagé dans une conversation. Si une personne qui converse avec une autre à trois mètres de vous mentionne votre nom, quelles sont les probabilités que vous l'entendiez, selon vous ? Aussi étonnant que cela puisse paraître, les probabilités sont plutôt fortes. Même si plusieurs personnes parlent autour de vous et vous séparent de celle qui a prononcé votre nom, il est fort probable que vous l'entendiez.

C'est ce que l'on appelle l'effet de « cocktail party », comme l'a nommé Colin Cherry après avoir mené une étude à l'Imperial College de Londres. Cette étude a démontré l'étonnante façon dont votre subconscient demeure alerte pour capter ce qui pourrait vous intéresser. Même lorsque vous êtes consciemment concentré à d'autres choses.

Cette caractéristique du subconscient est d'une grande utilité lorsqu'un danger insoupçonné vous menace. N'avez-vous jamais eu le sentiment que quelqu'un se tenait derrière vous, même si vous ne pouviez le voir ni l'entendre ? C'est grâce à une partie de votre cerveau, appelé amygdale, qui enregistre et gère des informations sur votre environnement, comme la température, le déplacement de l'air et des sons que l'esprit conscient ne pourrait détecter.

Toutefois, votre subconscient se situe dans la portion inconsciente de votre esprit, ce qui le laisse souvent isolé et incompris. Il ne peut communiquer selon le moyen traditionnel de communication que nous utilisons : le langage verbal. Il communique plutôt par d'autres moyens très efficaces, comme les intuitions et les émotions.

Un sentiment instinctif est le résultat d'une évaluation si rapide d'une situation que vous ne pourriez jamais espérer faire aussi vite avec votre esprit conscient. Les émotions qui en découlent servent à communiquer à votre esprit conscient des conseils pour faire ou éviter des actions, comme suivre quatre hommes portant des lunettes de ski et des armes qui pénètrent dans une banque de Miami en juillet !

L'une des meilleures démonstrations de ce phénomène est appelée le test d'*Iowa Gambling*. Ce test a originalement été mené par Damasio, Bechara, Tranel et Anderson en 1994. Mais, c'est Antonio Damasio qui l'a fait connaître au grand public.

Les participants à l'expérience étaient branchés à des appareils mesurant scientifiquement la température de la peau, la transpiration et d'autres données du même genre. On leur montrait ensuite, sur un écran d'ordinateur, quatre paquets de cartes et on leur remettait deux mille dollars chacun pour jouer.

Chaque participant avait droit à cent coups. À chacun des coups, il devait choisir une carte dans un des quatre paquets. Une fois le paquet sélectionné, l'ordinateur informait le joueur s'il gagnait ou perdait de l'argent et quel montant. À chacun des coups, le participant pouvait choisir le même paquet ou en sélectionner un autre.

Ce que les participants ignoraient, c'est que les paquets étaient truqués. Deux d'entre eux donnaient des petits gains régulièrement s'ils étaient sélectionnés de façon constante. Si les participants choisissaient toujours ces deux paquets, sur cent coups, ils sortiraient gagnants et accumuleraient un peu d'argent. Les deux autres paquets, cependant, étaient programmés pour donner des gains importants, mais aussi pour causer des pertes majeures. Si ces deux paquets étaient choisis sans cesse, les participants finiraient par perdre tout leur argent.

Les résultats de ce test furent étonnants. En moyenne, il a fallu quatre-vingts coups avant que les joueurs puissent dire avec certitude quels paquets devaient être sélectionnés pour sortir gagnants. Environ trente coups auparavant, ils avaient commencé à sélectionner seulement les bons paquets, mais ils ne pouvaient dire précisément pourquoi. Ils n'étaient pas encore sûrs.

Ce qui est étonnant, c'est que soixante-dix coups avant qu'ils sachent précisément pourquoi ils devaient choisir les bons paquets, ils reçurent des informations sensitives de leur corps leur indiquant quels paquets choisir. En d'autres mots, après seulement dix coups, le subconscient savait quels paquets sélectionner, même si les joueurs l'ignoraient complètement.

Il n'est pas surprenant que les joueurs et parieurs qui ont du succès partagent un trait commun. Ils possèdent à un haut niveau l'habileté intrapersonnelle (l'une des sept intelligences dont parle Howard Gardner dans son livre *Frames of Mind*). Ils sont maîtres dans l'art de se mettre au diapason de leur subconscient pour décrypter les intuitions et les émotions qu'ils ressentent.

Tandis que votre subconscient réussit à merveille à prendre en charge plusieurs fonctions à la fois et à gérer le flot d'informations qu'il reçoit, votre esprit conscient, lui, est plutôt un novice en ce domaine. En fait, il ne peut gérer plus de neuf informations à la fois. Et encore, neuf est une quantité inhabituelle, la norme étant plutôt six ou sept.

Pour mieux comprendre, essayez cet exercice. Concentrez-vous sur votre main gauche. Tout en maintenant cette concentration, commencez à vous concentrer aussi sur votre main droite. Assurez-vous d'avoir conscience des deux mains, puis ajoutez le pied gauche et ensuite le pied droit. Y arriverez-vous vraiment? Et si nous ajoutions une ou deux autres parties de votre corps?

Comparez votre esprit à la mémoire vive de votre ordinateur. Cette mémoire permet d'accomplir certaines tâches dans l'immédiat, mais seulement quelques-unes à la fois. Parfois, elle donne l'impression de faire de multiples tâches à la fois, mais en vérité elle ne fait qu'aller d'une tâche à une autre rapidement.

Votre subconscient, lui, se compare au disque dur de votre ordinateur. Il peut gérer de multiples fonctions sans que l'on s'en rende compte.

Malheureusement, en devenant plus «civilisés», les êtres humains ont graduellement perdu le contact avec leur subconscient et toutes les informations qu'il transmet. Plusieurs scientifiques ont fait état de la capacité innée de certains peuples aborigènes de savoir que quelque chose est arrivé à l'un des leurs, même si ce dernier se trouve à des centaines ou même à des milliers de kilomètres.

Il semble que plus nous nous encombrons d'informations extérieures, plus nous perdons notre capacité à faire confiance au courant d'information venant du subconscient.

Malgré toutes les preuves irréfutables qui démontrent la puissance de l'intuition ou des sentiments instinctifs, nous avons appris à les rationaliser parce que nous n'arrivons pas à expliquer pourquoi nous les recevons. Cela peut sembler insensé. Pourtant, c'est la réalité. Il nous faut nous tromper et en subir les conséquences des centaines de fois avant que nous commencions à écouter nos intuitions.

Je ne dis pas que l'esprit conscient n'a pas un rôle à jouer. Il a son rôle évidemment. Vous ne souhaiteriez sûrement pas que votre comptable utilise son intuition pour deviner votre remboursement d'impôt !

Cependant, faire constamment passer votre esprit analytique au-dessus de votre subconscient est comparable à essayer de surpasser un ordinateur ultra-puissant avec une calculatrice de poche, et espérer gagner. C'est aussi une bonne façon de ne pas devenir riche et heureux.

L'un des traits communs des gens riches et heureux, c'est qu'ils ont appris à se mettre à l'écoute de leur subconscient plus efficacement que le reste des gens. Ils ont appris à cesser de l'ignorer et à lui faire confiance.

Vous pouvez le faire vous aussi. Il faut juste en être plus conscient. Comment vous sentez-vous lorsque monte en vous une intuition ? D'où vient-elle ? Comment s'exprime-t-elle ? Quelle est son intensité ? Êtes-vous capable de faire des liens entre vos intuitions ?

Plus vous devenez sensible au langage de votre subconscient et qu'il vous devient familier, plus vous serez en mesure de reconnaître les informations qu'il vous envoie et d'en bénéficier, au lieu de constamment les ignorer.

Et puisqu'il est si puissant, invitez votre subconscient à vous aider à identifier vos valeurs.

CHAPITRE 5

Voici mes valeurs !

L e procédé qui vous est proposé ici s'appelle la mise à jour de vos valeurs. C'est l'exercice le plus important pour identifier vos valeurs et l'une des étapes cruciales de la formule.

Cet exercice vous permet non seulement de connaître vos valeurs, mais il vous motivera à agir en accord avec celles-ci.

Pouvez-vous faire la transition entre votre vie actuelle et une vie riche et heureuse sans faire les efforts pour comprendre vos valeurs ? Oui, votre niveau de conscience peut s'élever sans que vous vous y attendiez, tout comme vous pouvez tomber d'un avion à plus de trente mille mètres sans parachute et quand même survivre. C'est possible, mais les chances sont très minces et je ne vous encourage pas à essayer.

Les trois règles importantes à propos des valeurs sont celles-ci :

1. Il n'y a pas de bonnes ou de mauvaises valeurs. Les valeurs ne sont bonnes ou mauvaises que pour l'individu. Les vôtres sont bonnes pour vous, les miennes le sont tout autant pour moi. Il est hautement improbable que deux personnes aient précisément les mêmes valeurs, parce qu'il y a un nombre infini de combinaisons.

2. Même si une valeur se situe en dessous d'une autre sur votre échelle d'importance, cela ne signifie pas qu'elle n'a pas un impact majeur sur vous.

3. Si les valeurs d'une personne semblent, de toute évidence, mauvaises, même au point que le dernier des idiots pourrait s'en rendre compte, retournez alors au premier point.

Une dernière chose avant de commencer : faites cet exercice seul ! S'il vous plaît, prenez bien en note cette recommandation.

Puisque cette étape est primordiale pour que vous puissiez espérer devenir riche et heureux, vous n'avez sûrement pas intérêt à laisser quelqu'un d'autre influencer vos réponses.

J'ai jadis fait l'erreur d'aider un homme et sa femme à faire une mise à jour de leurs valeurs alors qu'ils se trouvaient dans la même pièce. Le couple venait de milieux différents. Elle avait grandi dans le sud des États-Unis au sein d'une famille baptiste. Lui venait d'une famille de la Nouvelle-Angleterre dans laquelle les valeurs religieuses et familiales étaient beaucoup plus souples.

Pour être bref, la « famille » venait en tête de liste des valeurs de la femme, tandis que le mari l'avait inscrite en septième position. Pas besoin de vous dire que la dame ne respecta pas les trois règles vues précédemment. Elle s'en prit à son conjoint qui ne s'attendait pas à une telle réaction. Elle le martela de coups et lui tira les cheveux. Tandis qu'elle continuait à exprimer sa colère à son mari, je suis sorti par la porte arrière pour leur laisser un peu de temps « pour discuter ». Une fois à l'extérieur, je me suis demandé ce qui avait bien pu déclencher une telle déroute et j'en suis venu à la conclusion que l'exercice de la mise à jour des valeurs doit se faire seul.

Alors, installez-vous dans une pièce ou un endroit où vous pourrez vous permettre d'être authentique et intègre avec les pensées, les émotions et les réponses qui monteront facilement en vous, sans sentir une obligation de vous justifier par rapport à quiconque.

Maintenant que vous êtes dans un endroit propice à compléter cet exercice, regardez les tableaux suivants dans lesquels sont inscrites les valeurs et les antivaleurs que nous avons vues précédemment. Aucune de ces listes n'est complète. Elles servent principalement à vous donner des exemples de valeurs et d'antivaleurs. Si vous identifiez une de vos valeurs et qu'elle ne figure pas dans la liste, inscrivez-la dans les espaces vides et encerclez-la.

Prenez le temps de lire attentivement les deux listes. Dans la liste des valeurs, encerclez les mots qui ont une résonance en vous. Il n'est pas important de savoir pourquoi ces mots trouvent écho en vous. Vous pouvez même être étonné de votre réaction devant des valeurs que vous n'avez jamais considérées.

Répétez le procédé avec la liste d'antivaleurs. Lisez-la attentivement, repérez les mots qui vous font réagir, ceux que vous avez le plus en aversion (ajoutez ceux qui ne sont peut-être pas dans la liste), puis encerclez-les. Incorporer les antivaleurs au processus est important, car savoir ce que vous voulez éviter à tout prix peut être utile pour trouver ce vers quoi vous tendriez dans un monde idéal. Certaines personnes sont plus motivées par le besoin d'éviter toute souffrance que par le désir de rechercher le plaisir. Connaître vos antivaleurs peut donc être une aide pour savoir ce qui vous motive.

Notez que vous verrez la mort dans la liste d'antivaleurs. Bien sûr, la mort n'est pas vraiment une antivaleur, car la mort du corps physique concernera chacun de nous. Je suis désolé si ce rappel vous contrarie, mais c'est ainsi que la partie se terminera pour chacun de nous. Vous pouvez essayer de la retarder ou de la prévenir, mais vous ne pourrez pas l'empêcher. Toutefois, si vous désirez éviter la mort à tout prix, alors elle peut être vue comme une antivaleur.

Essayez de passer rapidement sur chaque mot. L'idée est de laisser parler le subconscient. Plus vous vous concentrerez sur un mot ou plus vous analyserez la liste, plus vous vous éloignerez de vos émotions et de votre intuition. Vous serez moins à l'écoute des indices que vous envoie votre subconscient. Votre esprit conscient voudra prendre le dessus.

Si vous avez de la difficulté à compléter l'exercice, mettez-le de côté un certain temps et changez-vous les idées. Occupez-vous à quelque chose de complètement différent. Puis, revenez à l'exercice, mais seulement après avoir apaisé votre esprit. Vous pouvez aussi lire la liste avant d'aller au lit et voir, au petit matin, ce qui résonne en vous.

Même si vous réalisez l'exercice facilement parce que des valeurs et des antivaleurs vous seront apparues évidentes, je vous suggère de mettre la liste de côté pour une heure ou plus et d'y revenir par la suite afin de vérifier si vous ressentez toujours la même chose pour ce qui vous était apparu évident.

C'est maintenant le temps de vous attaquer à l'exercice. Assurez-vous d'être seul et de ne pas être dérangé. Lisez les listes et encerclez les valeurs et les antivaleurs qui vous semblent évidentes, y compris celles que vous avez ajoutées. Le but est d'arriver à huit valeurs et à huit anti-valeurs encerclées.

Je vous demande de compléter l'exercice maintenant et de poursuivre votre lecture ensuite.

Valeur		
Amour	Discipline	Persévérance
Authenticité	Diversité	Plaisir
Aventure	Engagement	Positivisme
Beauté	Excellence	Pouvoir
Bonheur	Gentillesse	Prudence
Clarté	Gratitude	Reconnaissance
Communauté	Honnêteté	Richesse
Confiance	Humilité	Sagesse
Confort	Humour	Santé
Connaissance	Intégrité	Sécurité
Connexion	Justice	Service
Conscience	*Leadership*	Sincérité
Contrôle de soi	Liberté	Spiritualité
Courage	Ouverture	Stabilité
Créativité	Paix	Unité
Croissance	Passion	

Antivaleur (ou éloignement des valeurs)		
Agressivité	Frivolité	Malhonnêteté
Anxiété	Haine	Mépris
Apathie	Hypocrisie	Mort
Arrogance	Immoralité	Paresse
Avarice	Injustice	Pauvreté
Colère	Infidélité	Peur
Conflit	Inquiétude	Procrastination
Cynisme	Isolation	Snobisme
Dégoût	Jalousie	Stress
Douleur	Maladie	Suspicion

Excellent ! Comment vous sentez-vous en repassant sur les mots encerclés dans les deux listes ? Est-ce qu'ils semblent encore être vos mots clés ? Sentez-vous que ce sont vraiment les valeurs selon lesquelles vous voulez vivre et les antivaleurs que vous cherchez à éviter ? Si vous viviez en accord avec ces valeurs quotidiennement, croyez-vous que votre vie en serait plus agréable et plus facile ? Ces valeurs vous permettent-elles de vous engager sur la voie pour devenir riche et heureux et pour faire ce que vous désirez ?

Pour vous assurer de l'authenticité de vos réponses, repassez la liste de mots encerclés et à chacun des mots, demandez-vous ce que vous apporte cette valeur. Par exemple, si vous avez encerclé le mot *bonheur*, demandez-vous ce que le bonheur vous apporte. Que vous vient-il immédiatement en tête ? Si la première chose à laquelle vous pensez est la liberté, alors la liberté est la valeur et non le bonheur. Répétez l'exercice jusqu'à ce que vous en veniez toujours au même mot.

Premier exemple

« Qu'est-ce que le bonheur m'apporte ? Il m'apporte la liberté. Qu'est-ce que la liberté m'apporte ? Elle m'apporte la paix. Qu'est-ce que la paix m'apporte ? Elle m'apporte la liberté. » Vous pourriez bien avoir ici deux valeurs, soit la liberté et la paix. Alors, encerclez-les toutes les deux. Quant au bonheur, il serait étonnant qu'il soit vraiment une de vos valeurs puisque ce mot vous ramène à la liberté et à la paix. De toute façon, la liberté et la paix seront des valeurs plus importantes pour vous que le bonheur.

Deuxième exemple

Vous avez encerclé le mot *paix* et lorsque vous vous demandez ce que la paix vous apporte, vous n'arrivez pas à trouver autre chose que la paix vous apporte. Vous n'arrivez pas à trouver autre chose que la paix elle-même. Félicitations! Vous avez trouvé une vraie valeur. Gardez-la encerclée.

Faites une dernière vérification pour vous assurer que vous n'avez pas oublié une valeur importante. Pour ce faire, posez-vous la question suivante: « Qu'est-ce qui est vraiment important pour moi ? » Est-ce que les valeurs encerclées concordent bien avec les réponses à la question ?

Elles le devraient. Sinon, inscrivez les nouvelles valeurs qui répondent à votre question. Puis, reprenez le processus que nous venons tout juste de voir et demandez-vous ce que ces nouvelles valeurs vous apportent pour arriver à la fin avec vos huit valeurs les plus importantes pour vous.

Maintenant, poursuivons l'exercice. Nous allons donner un rang aux valeurs sélectionnées, de la plus importante à la moins importante.

Comme je ne veux pas influencer l'ordre d'importance de vos valeurs, je vais faire la démonstration de cette portion de l'exercice en me servant de quelques-uns des livres qui me furent utiles lors de ma recherche pour l'écriture de ce livre.

Ces instructions se retrouvent également au *www.howtoberichand happy.com* (en anglais seulement), tout comme les feuilles vierges de l'exercice.

Dans le tableau ci-après, j'ai inscrit à gauche huit titres de livres parmi les plus importants pour moi. Dans votre cas, inscrivez les huit valeurs que vous avez encerclées.

N°	LIVRE	ORDRE							TOTAL
1	*How We Decide*	1	1	1	1	1	1	1	
		2	3	4	5	6	7	8	
2	*The Maverick Mindset*	2	2	2	2	2	2		
		3	4	5	6	7	8		
3	*Predictably Irrational*	3	3	3	3	3			
		4	5	6	7	8			
4	*Blink*	4	4	4	4				
		5	6	7	8				
5	*Stumbling Upon Happiness*	5	5	5					
		6	7	8					
6	*Flow*	6	6						
		7	8						
7	*The Motivated Mind*	7							
		8							
8	*Prometheus Rising*								

Riche et heureux
Démonstration de l'ordre d'importance des valeurs

Je me suis ensuite demandé lequel des livres, entre *How We Decide* et *The Maverick Mindset*, était le plus important pour moi. J'avais apprécié le programme audio proposé dans *The Maverick Mindset*, mais pour les besoins du livre que je voulais écrire, *How We Decide* fut plus important. J'ai donc encerclé le chiffre 1.

Je me suis alors demandé lequel des livres, entre *How We Decide* et *Predictably Irrational*, avait été le plus important. De nouveau, j'ai encerclé le chiffre 1.

Une fois que j'eus comparé *How We Decide* avec tous les autres livres, j'ai fait le même procédé avec *The Maverick Mindset*. Je l'ai comparé avec *Predictably Irrational,* mais j'en suis venu à la conclusion qu'il était moins important. J'ai donc encerclé le chiffre 3. Et j'ai continué ainsi pour tous les livres.

Voici à quoi ma liste ressemblait après avoir complété le processus.

Riche et heureux — Démonstration de l'ordre d'importance des valeurs			
N°	**LIVRE**	**ORDRE**	**TOTAL**
1	*How We Decide*	①①①①①①① 2 3 4 5 6 7 8	7
2	*The Maverick Mindset*	2 2 2 ② 2 2 ③ ④ ⑤ 6 ⑦ ⑧	1
3	*Predictably Irrational*	3 3 ③ 3 3 ④ ⑤ 6 ⑦ ⑧	2
4	*Blink*	④ ④ 4 ④ 5 6 ⑦ 8	5
5	*Stumbling Upon Happiness*	⑤ 5 ⑤ 6 ⑦ 8	4
6	*Flow*	6 6 ⑦ 8	0
7	*The Motivated Mind*	⑦ 8	6
8	*Prometheus Rising*		2

Vous pouvez voir que j'ai comparé tous les livres entre eux. Pour déterminer l'ordre final d'importance, j'ai additionné le nombre de fois où j'ai encerclé le chiffre 1, puis le 2, puis le 3, etc., jusqu'à obtenir un score pour chaque titre. Celui ayant le plus haut score dans la colonne de droite devient le plus important.

Vous noterez qu'à la première ligne, il est facile de compter les 1 encerclés, mais vous devez être plus attentif pour les autres livres. Par exemple, si je n'avais regardé que les 3 encerclés à la troisième ligne, j'aurais oublié celui encerclé à la deuxième ligne. (*Predictably Irrational* avait surclassé en importance *The Maverick Mindset*)

Voici le résultat en ordre d'importance:

1. *How We Decide*

2. *The Motivated Mind*

3. *Blink*

4. *Stumbling Upon Happiness*

5. *Promotheus Rising*

6. *Predictably Irrational*

7. *The Maverick Mindset*

8. *Flow (The psychology of optimal experience)*

Même si *Flow* occupe le huitième rang sur ma liste, cela ne signifie pas qu'il n'est pas important. J'ai dû lire une centaine de livres pour réaliser le présent ouvrage et *Flow* fait partie des huit plus importants.

C'est la même chose pour vos valeurs. Une valeur classée au huitième rang est importante pour vous. Elle ne l'est tout simplement pas autant que celle à la septième position qui, elle, ne l'est pas autant que celle en sixième position, etc.

Nous avons tous beaucoup plus que huit valeurs importantes dans notre vie. Cela dit, l'exercice a pour but de déterminer les huit plus importantes. Les gens riches et heureux connaissent leurs valeurs les plus importantes. Si vous voulez vous aussi devenir comme eux, vous devez découvrir les vôtres.

À votre tour maintenant. Inscrivez vos huit valeurs dans la colonne de gauche du tableau ici-bas, puis comparez-les entre elles et établissez leur rang d'importance.

Je réitère ici l'importance de ne pas juger vos valeurs. N'essayez pas d'outrepasser vos sentiments instinctifs en entretenant un discours intérieur qui ressemble à ceci : « Je suppose que je devrais avoir la famille en tête de liste de mes valeurs, sinon ma conjointe (ou mon conjoint) ou les enfants vont m'en vouloir », ou « les gens vont penser que je suis idiot d'accorder plus d'importance à l'humilité qu'à la santé, alors je ferais mieux de les interchanger. »

Le rang de vos valeurs vous est personnel. Peu importe ce que pourrait en penser votre femme, votre mari, vos amis ou n'importe qui d'autre. Le rang que vous avez accordé à chacune de vos valeurs est le bon pour vous.

Si, plus tard, vous revoyez votre liste et décidez que l'ordre d'importance n'est pas exact, libre à vous de le changer.

N°	VALEUR	ORDRE							TOTAL
1		1	1	1	1	1	1	1	
		2	3	4	5	6	7	8	
2		2	2	2	2	2	2		
		3	4	5	6	7	8		
3		3	3	3	3	3			
		4	5	6	7	8			
4		4	4	4	4				
		5	6	7	8				
5		5	5	5					
		6	7	8					
6		6	6						
		7	8						
7		7							
		8							
8									

Riche et heureux
Démonstration de l'ordre d'importance des valeurs

Excellent ! Vous avez fait un beau travail en établissant l'ordre d'importance de vos valeurs. C'est une étape importante de la formule pour devenir riche et heureux.

Si, à un moment ou à un autre, une autre valeur vous apparaît plus importante que celles déjà inscrites, vous pouvez vérifier rapidement.

Par exemple, selon ma liste de livres, supposons que je m'interroge à savoir si le livre de Paul Ekman, *Emotions Revealed*, devrait s'y retrouver. Je le compare alors au numéro 8 sur ma liste (*Flow*) et si je crois qu'il est plus important, alors il prend la place de *Flow*. Je le compare ensuite à tous les autres numéros pour déterminer sa place.

Il est aussi possible que deux de vos valeurs obtiennent le même score. Comparez-les alors entre elles pour déterminer laquelle des deux est la plus importante. Ce sera celle-là qui aura le rang le plus élevé entre les deux. Un score identique signifie généralement que ces deux valeurs sont extrêmement proches dans leur importance.

Il peut même arriver que trois ou même quatre valeurs aient le même score. Refaites l'exercice pour vérifier si vous arrivez au même résultat. Si le résultat demeure le même, inscrivez-les comme étant égales.

Maintenant que vous avez terminé avec vos valeurs, refaites tout le processus pour vos antivaleurs. Cette fois, cependant, demandez-vous lesquelles des antivaleurs vous apparaissent comme étant les pires. Et je vous répète que l'exercice est personnel.

Les antivaleurs peuvent être des aspects de vous-même que vous ne voulez pas voir ou des traits de personnalité que vous n'aimez pas chez les autres. Elles peuvent aussi être plus nébuleuses et refléter des concepts que vous gardez en vous. Suivez vos sentiments instinctifs pour les évaluer, car votre subconscient les sait mieux que vous.

Voici un autre tableau à remplir.

N°	ANTIVALEUR	ORDRE							TOTAL
1		1	1	1	1	1	1	1	
		2	3	4	5	6	7	8	
2		2	2	2	2	2	2		
		3	4	5	6	7	8		
3		3	3	3	3	3			
		4	5	6	7	8			
4		4	4	4	4				
		5	6	7	8				
5		5	5	5					
		6	7	8					
6		6	6						
		7	8						
7		7							
		8							
8									

Table title: **Riche et heureux** — Démonstration de l'ordre d'importance des antivaleurs

Parfait! Vous avez maintenant deux listes. L'une avec vos valeurs et l'autre avec vos antivaleurs. Copiez ces listes dans le tableau ci-dessous. Vous aurez alors complété l'exercice de mise à jour de vos valeurs.

Valeur	Antivaleur

Dans le prochain chapitre, vous verrez comment déceler les valeurs conflictuelles et éviter l'impact négatif qu'elles pourraient avoir sur votre quête pour devenir riche et heureux. Vous verrez également comment les informations obtenues par ces exercices vous guideront vers une vie riche et heureuse.

CHAPITRE 6

N'essayez pas de conclure une vente auprès du concierge !

En affaires, il y a toujours quelqu'un que vous devez rencontrer pour finaliser une vente. Si vous ne parlez pas à cette personne, vous perdez probablement votre temps. C'est cette personne qui peut faire en sorte que la vente, l'accord ou le contrat, peu importe, soit officialisé.

Je sais, par expérience, que cela peut être excessivement décevant de bien amorcer une vente, mais de découvrir juste avant l'accord final que vous étiez en train de négocier avec le concierge et qu'il ne pourra jamais conclure cette entente.

Essayer de devenir riche et heureux sans connaître vos valeurs ou en vivant même un seul conflit majeur par rapport à vos valeurs est comparable à essayer de vendre une flotte d'Airbus au concierge de British Airways. Au début, tout peut paraître bien aligné, mais après un temps, vous vous demanderez pourquoi vous avez rendez-vous dans le placard à balais. Vous réalisez rapidement que vous n'atteindrez jamais votre objectif.

Permettez-moi de vous donner quelques exemples de conflits de valeurs.

Il y a quelques années, j'ai obtenu une entrevue pour un emploi. Au milieu de l'entretien, j'ai réalisé que cet emploi et même l'entreprise en question n'étaient pas pour moi. Je savais qu'il y avait un profond conflit

– même si je n'utilisais pas ces termes à l'époque – entre mes valeurs et les gens qui m'interviewaient et qui représentaient leur supérieur.

Par courtoisie, j'ai décidé d'aller jusqu'au bout de l'entrevue. À la fin, juste au moment où je commençais à penser à ce que je mangerais pour le dîner, ils m'ont informé qu'ils offraient une substantielle prime de bienvenue. Je recevais donc une jolie somme simplement en acceptant le poste.

Soudain, mon dialogue intérieur se mit en action. « Est-ce que j'ai dit que le poste était en conflit avec mes valeurs ? Bon, n'allons pas trop vite à la conclusion. Après tout, je me suis peut-être trompé. C'est une prime très intéressante qu'ils offrent à la signature. » En quelques minutes, non seulement j'avais fait taire toutes mes intuitions au sujet du conflit de valeurs qui s'annonçait, mais je m'étais de plus convaincu que cet emploi était parfait pour moi.

Que croyez-vous qu'il arriva ? J'ai détesté cet emploi. J'avais choisi d'accepter un conflit de valeur majeur qui me heurtait chaque jour, et j'étais coincé dans un emploi qui m'empoisonnait la vie. Bien sûr, j'avais eu la prime et une très belle voiture, mais l'argent et les belles voitures ne vous rendront pas riche et heureux si vous n'êtes pas en harmonie avec vos valeurs.

Quelques-uns des exemples de conflits de valeurs se retrouvent parmi les célébrités qui vivent une déchéance.

Parce qu'ils ont un brûlant désir de gloire, parce qu'ils veulent maintenir un niveau de prouesses ou parce qu'ils ont peur d'échouer, certains athlètes s'injecteront des stéroïdes qui leur seront profitables au début, mais qui détruiront leur santé physique ultimement.

Des acteurs cherchent à perfectionner leur art, mais deviennent désillusionnés et dépressifs lorsque la gloire leur enlève toute vie privée et la paix intérieure.

Même certains auteurs peuvent souffrir d'un conflit de valeurs : ils veulent que leurs idées soient reconnues ou que leur œuvre soit lue par un vaste public, mais ils ne désirent pas être une figure publique, ce qui est souvent nécessaire pour rejoindre un très large public.

Ignorer vos valeurs ou des conflits de valeurs vous apportera le sentiment contraire d'être riche et heureux. Vous ressentirez que quelque chose cloche, vous vous sentirez perdu et déprimé sans vraiment arriver à identifier ce qui ne va pas ou sans savoir si cela se corrigera.

Dans certains cas extrêmes, de telles situations mèneront les gens à fuir leur malaise intérieur dans l'alcool ou la drogue, par exemple, ou même à s'enlever la vie.

Pour vivre la vie dont ils rêvent et éviter les dépendances et la déprime, les gens riches et heureux ont appris à identifier leurs valeurs et à constamment prendre des décisions dans le respect de leurs valeurs.

Si votre valeur première est la famille, alors vous êtes censé refuser un contrat pour réaliser un documentaire qui exigerait un voyage d'une année en solitaire.

Si le *leadership* est en haut de votre liste de valeurs, vous devez concentrer vos efforts, vos énergies et votre temps à rechercher un emploi où vous aurez à diriger beaucoup de personnes, et non tenter de diriger un petit commerce en solitaire.

Si la paix est votre valeur la plus importante et que le stress est votre antivaleur principale, déménager à New York pour suivre un cours en courtage n'est sans doute pas le meilleur choix à faire.

Je le répète : être riche et heureux, c'est faire ce que vous voulez, lorsque vous le voulez. Et être authentique par rapport à vos valeurs est un grand pas pour y parvenir.

Comme dernier exemple, voici l'histoire d'un homme qui a fait exactement ce qu'il fallait faire pour devenir riche et heureux.

Tom Touhy était avocat à Chicago depuis 24 ans. Il réussissait bien et il avait l'impression de faire une différence dans la vie de ses clients. En général, il appréciait sa carrière.

Pendant vingt de ces vingt-quatre années, Tom avait aussi œuvré auprès d'une organisation dont il était le fondateur, appelée Dreams for Kids. L'organisation était située à Chicago et avait pour mission d'aider à faire une différence dans la vie d'enfants défavorisés ou handicapés.

C'était une organisation de petite taille, mais elle avait un impact majeur sur la vie des enfants qu'elle touchait. Avec le temps, Tom se sentit poussé à passer moins de temps à exercer le droit et plus de temps à faire une différence pour des enfants.

En 2007, Tom rencontra par hasard le fondateur d'une autre organisation philanthropique, appelé Me to We, qui avait elle aussi débuté modestement, mais qui œuvrait maintenant à plusieurs endroits sur la planète. Assis dans l'aéroport, les deux hommes ont échangé des histoires. Le fondateur de Me to We fit remarquer à Tom qu'il y avait une demande sur le plan mondial pour ce que Dreams for Kids accomplissait. Il a alors demandé à Tom pourquoi il ne se consacrait pas à temps plein à son organisation.

Avant la fin du vol, Tom avait réfléchi et pris une décision. Il décida de faire exactement ce qu'il désirait et devint le président à temps plein de l'organisme Dreams for Kids. Sa décision était fondée sur plusieurs points, mais surtout sur le fait que lorsqu'il analyserait sa vie à la toute fin de son existence, son évaluation du succès de sa vie serait en fonction de sa contribution auprès des gens.

Pour Tom, même s'il adorait le droit, s'il continuait à partager son temps entre Dreams for Kids et son bureau d'avocat, il ne pourrait atteindre le niveau de contribution dont il se savait capable ou qu'il souhaitait réaliser. Il aurait alors vécu avec un conflit de valeurs.

La décision qu'il a prise était un acte de foi de bien des façons. Tom n'avait aucune idée de ce que l'avenir lui réservait. Tout ce qu'il savait, c'est qu'en apportant ce changement dans sa vie, il s'alignait sur la valeur la plus importante pour lui : la contribution à la vie des autres.

Moins de deux ans après avoir pris sa décision, Tom transforma Dreams for Kids, *une petite organisation œuvrant localement, en un organisme ayant un impact majeur sur la vie des enfants dans plus de quarante pays. L'organisme soutient les enfants les plus isolés de la planète, les plus pauvres et ceux qui sont handicapés, et il les réunit.*

Ses actions sont variées : Dreams for Kids *permet à des enfants en fauteuil roulant de faire des activités qu'ils croyaient impossibles, comme du ski nautique ou de la plongée, elle offre de l'eau potable et des abris à des jeunes qui en ont terriblement besoin, et bien d'autres choses encore.* Dreams for Kids *apporte une contribution majeure dans la vie des autres.*

Et à cause de cette contribution de Tom et de son équipe, Dreams for Kids *a été approché par les* Nations unies *et la* Banque mondiale *pour poursuivre l'expansion de leur rayonnement et rejoindre encore plus d'enfants.*

Pour plus d'informations sur cet organisme, visitez le www.dreams forkids.org.

CHAPITRE 7

Ne donnez pas foi à vos croyances, à moins qu'elles aient foi en vous !

Saviez-vous que la seule réalisation de l'homme visible de l'espace est la Grande Muraille de Chine ? Saviez-vous aussi que lorsqu'un joueur de basket est sur une bonne lancée et qu'il acquiert ce que l'on appelle la main brûlante, il est alors presque assuré de réussir son prochain lancer ? Saviez-vous que le stress est mauvais et qu'en vue de maintenir une santé optimale, nous devons l'éliminer de notre vie ?

J'espère que vous ne teniez pas pour acquises ces affirmations, car elles sont toutes fausses.

La Grande Muraille de Chine a une largeur d'environ dix mètres à son point le plus large. C'est moins que la largeur habituelle d'une autoroute à quatre voies qui, elle, ne peut être vue de l'espace. Bien sûr, la Muraille s'étend sur des kilomètres, tout comme les autoroutes, mais ce n'est pas suffisant.

La théorie de la main brûlante, à laquelle adhèrent plusieurs joueurs, adeptes et instructeurs, a été démolie par les pionniers de la science cognitive, Amos Tverskey et Thomas Gilovich. Ils ont étudié les statistiques et visionné des centaines d'heures de films. En 1985, ils ont publié dans un journal leurs conclusions qui contredisaient la théorie.

Bien qu'il soit nuisible s'il est trop intense et trop fréquent, le stress est vraiment nécessaire et il fait partie de la vie. Ce qui importe n'est pas de l'éviter à tout prix, mais bien de savoir le gérer.

Ces trois croyances populaires sont généralement acceptées par la plupart des gens, même si elles sont fausses. C'est une leçon importante. Ce que vous croyez être vrai ne l'est peut-être pas.

Évidemment, ce n'est pas vraiment un problème si vous persistez à croire que la Grande Muraille de Chine est visible de l'espace. Cela n'aura possiblement pas d'incidence importante sur votre vie.

Cela dit, si vous souhaitez devenir riche et heureux, il est primordial pour vous de saisir la différence entre une croyance et un fait. Vous serez alors en mesure d'abandonner les croyances négatives qui vous dépriment, vous dévalorisent ou vous nuisent et d'adopter plutôt des croyances positives qui vous motivent, vous renforcent et vous appuient.

Souvenez-vous que toute croyance peut être changée. Peu importe d'où elle vient, depuis quand vous y croyez ou à quel degré vous y croyez.

Regardons ensemble la différence entre une croyance et un fait :

Mon compte bancaire est à découvert de trois mille dollars. (Fait)
Je suis médiocre dans la gestion de l'argent. (Croyance)

Je n'apprécie pas mon emploi. (Fait)
Cet emploi est une « connerie ». (Croyance)

Je suis célibataire depuis deux ans. (Fait)
Je suis laid et personne ne me trouvera jamais attrayant. (Croyance)

Comprendre la différence entre un fait et une croyance permet de se concentrer sur ce que l'on peut changer au lieu de se frustrer de ce qui est hors de notre contrôle.

Les croyances qui suivent vont vous empêcher d'être riche et heureux. Aucun de ces énoncés n'est un fait :

- Je suis sans valeur.
- Personne ne m'aime.
- Je suis trop âgé pour changer de carrière.
- Que puis-je faire sans éducation ?
- Je ne mérite pas le succès.
- L'argent est dur à gagner.
- Perdre du poids à l'âge que j'ai est très difficile.
- Le changement fait peur.
- Je suis malchanceux.
- Personne n'engagera quelqu'un comme moi.
- Je n'ai rien d'important à offrir.

Voilà des affirmations démontrant une attitude de victime. Elles vous dépouillent de votre contrôle, vous font sentir impuissant et créent un avenir peu reluisant, à l'image de vos croyances.

Regardez autour de vous et vous verrez de belles personnes qui se croient laides, des gens intelligents qui se pensent stupides et des gens possédant une richesse qui se croient pauvres.

Le monde est rempli de gens qui entretiennent sur eux-mêmes des croyances que même un observateur inconnu pourrait réfuter.

Êtes-vous l'une de ces personnes ?

Est-ce que les gens vous disent parfois, ou même régulièrement, que vous êtes meilleur que vous le pensez ? Conservez-vous en mémoire les critiques, mais pas les compliments ? Vous dites-vous que vous n'êtes pas bon, même si rien ne le démontre ? Croyez-vous échouer avant même de commencer ? Encouragez-vous et appuyez-vous les autres plus que vous-même ?

Tous ces comportements vous éloignent de la richesse et du bonheur.

Si vous désirez vraiment être riche et heureux, alors pour le restant de la lecture de ce livre et pour le restant de votre vie, cessez d'entretenir sur vous-même toute croyance négative.

Peu importe que vous y croyiez fermement ou depuis longtemps, à partir de maintenant, abandonnez-les. À partir de maintenant, vous serez complètement ouvert à ce que vous êtes et à ce que vous êtes capable de faire.

Parce que, comme vous le verrez sous peu, vous avez beaucoup plus de potentiel que vous le pensez.

CHAPITRE 8

Le réalisme est pour les comptables

A u début de ma carrière en *coaching*, j'ai eu une cliente qui voulait changer le cours de sa vie et démarrer sa propre affaire. Nous avons discuté de plusieurs options, mais pour chacune d'elles, elle avait instantanément une raison d'affirmer que cela ne fonctionnerait pas. Je lui ai fait remarquer qu'elle était plutôt pessimiste et elle m'a donné une réponse que j'ai entendue 13 228 fois (j'ai fait le compte!): «J'essaie d'être réaliste.»

Alors, tous à genoux et remercions le Dieu tout-puissant d'avoir créé le réalisme! Où serions-nous sans cela? Probablement que nous vivrions toujours dans des grottes, que nous aurions le front aplati et les jointures poilues et que nous porterions des fourrures comme sous-vêtements. Je peux toujours vivre avec de tels sous-vêtements, mais je tiens au lobe frontal de mon cerveau et je n'ai aucun désir de m'épiler les jointures.

Toutes les percées ou les inventions survenues au cours de l'humanité ont été considérées comme irréalistes à un moment ou à un autre. Toutes, sans exception!

Les gens riches et heureux, dans quelque domaine que ce soit – science, sport, écriture, musique, politique, art, ingénierie, affaires, etc. –, se sont tous fait dire qu'ils étaient irréalistes. Ils ont été ridiculisés, discrédités et même attaqués pour avoir osé rêver de faire les choses différemment.

Heureusement pour l'humanité, ce type de personnes n'écoute pas les gens qui les traitent d'irréalistes. Même si elles savent que ce ne sont souvent que des conseils bien intentionnés, elles savent aussi que ce n'est d'aucune utilité et qu'elles ne veulent absolument pas adopter de telles croyances.

Est-ce que les gens avaient raison de dire à Walt Disney qu'il était irréaliste de vouloir construire le plus grand parc thématique sur un marécage ? Bien sûr que non. Et que dire des gens qui ont averti les frères Wright de revenir à la réalité au lieu de perdre leur temps à construire une machine volante ? Eux non plus n'avaient pas raison. Et ceux qui ont dit à Cliff Young qu'il ne pourrait pas courir neuf cents kilomètres ?

Cliff qui ?

Une course à pied, de Sydney à Melbourne, traverse les plus belles régions du sud de l'Australie. Elle parcourt neuf cents kilomètres et elle est considérée comme excessivement difficile, même pour les coureurs expérimentés et habitués.

En 1983, Cliff Young a décidé de s'y inscrire. Cliff n'était pas ce que l'on pourrait appeler un athlète moyen. Était-il même un athlète ? La plupart des coureurs inscrits étaient à l'apogée de leur condition physique. Cliff, lui, était un fermier de 61 ans, sans grande expérience de la compétition. On lui recommanda d'oublier l'idée de faire ce marathon. Mais, s'il y avait des règlements pour interdire aux plus jeunes gens de courir, il n'y avait par contre aucune limite d'âge pour les plus vieux.

C'était une chaude journée à Sydney. Cliff se présenta à la ligne de départ portant sa salopette de travail et des caoutchoucs par-dessus ses bottes de travail, suscitant la dérision des quelque cent cinquante compétiteurs et l'intérêt des médias. Cela dit, Cliff n'a pas abandonné après quelques heures et il ne s'est pas écroulé non plus comme certains l'avaient prédit. En fait, Cliff a plutôt fait bonne figure. Non seulement il a terminé la course, mais il l'a gagnée. Vous avez bien lu : il a gagné la course ! Un fermier édenté de 61 ans et portant une salopette et des couvre-chaussures, a remporté la course devant des coureurs professionnels.

Voyez-vous, personne n'avait dit à Cliff qu'il était censé s'arrêter pour un repos de six heures chaque soir, comme tous les autres coureurs le faisaient. Alors, il a couru, couru, sans s'arrêter pour de longues pauses, tout comme il l'aurait fait s'il avait dû courir après une bête pendant des jours à la suite d'un orage.

En plus de devenir une célébrité nationale adorée du public, Cliff Young démontra parfaitement une portion de la formule pour devenir riche et heureux. Il a décidé ce qui était possible ou non pour lui.

Il a choisi pour lui-même un système de croyances qui lui a permis non seulement de gagner la course, mais également de changer pour toujours la façon d'aborder de telles courses. Depuis Cliff, aucun gagnant de la course de Melbourne à Sydney ne s'est permis le luxe d'un arrêt pour dormir, car dès que Cliff eut fait la preuve qu'il était possible de faire ce marathon sans s'arrêter pour dormir, les coureurs plus jeunes et plus en forme n'eurent d'autre choix que de suivre son exemple.

Bien des gens vivent la vie qu'ils vivent parce que les croyances qu'ils ont adoptées concernant ce qui est réaliste ou non leur interdisent d'accomplir ce qu'ils désireraient faire. Le plus triste, c'est que ces croyances limitatives sont bien souvent comme la croyance au sujet de la Grande Muraille de Chine que l'on est censé voir de l'espace. Elles ne sont basées sur aucun fait.

Les gens riches et heureux utilisent les croyances de la façon opposée. Ils choisissent des croyances qui les aident au lieu de les limiter. Ils réévaluent constamment leurs croyances pour s'assurer qu'elles ne sont pas un frein, mais plutôt un soutien à leur développement.

Si vous voulez être riche et heureux, il est primordial que vos croyances vous permettent de le devenir.

Cela signifie que vous devez constamment revoir vos croyances et décider si elles vous nuisent ou vous aident. Si elles vous nuisent, changez-les. Et je sais que vous êtes capable de le faire, sinon vous n'auriez pas acheté ce livre et poursuivi votre lecture jusqu'ici.

Que diriez-vous d'une femme qui serait née en 1880 en Alabama, qui aurait grandi en apprenant le français, l'allemand, le grec et le latin ? Qui aurait fréquenté le collège Radcliffe, la branche féminine de Harvard, à une époque où les femmes de sa ville n'espéraient rien d'autre que de se marier et d'élever des enfants ? Qui aurait écrit un livre traduit en vingt-cinq langues ayant inspiré deux films gagnants d'un Oscar ? Qui aurait rencontré tous les présidents américains de son époque, qui aurait reçu le plus grand honneur civique (la Médaille présidentielle de la liberté) et qui serait devenue une amie intime d'Alexandre Graham Bell et de Mark Twain ?

Vous diriez sans doute que ce sont de formidables accomplissements, non ? Et imaginez maintenant que tous ces exploits aient été réalisés par cette femme en dépit du fait qu'elle était sourde et aveugle depuis l'âge de dix-huit mois et qu'elle pouvait à peine parler.

Pourtant, c'est ce qu'Helen Keller a accompli. Pour y parvenir, elle a dû changer ses croyances à son sujet et sur le potentiel de sa vie, avec l'aide de son enseignante Annie Sullivan.

Pouvez-vous imaginer à quel point il peut être difficile d'apprendre à parler lorsque vous n'entendez pas les mots et leur prononciation, que vous n'entendez pas les compliments ou les remarques de votre enseignante et que vous ne voyez pas les repères visuels comme les gens qui approuvent de la tête ou sourient lorsque vous faites quelque chose de bien ?

Helen Keller a accompli tous ces exploits parce qu'elles entretenaient de puissantes croyances qui la rendaient plus forte. Elle s'est raconté de formidables histoires et elle a fait fi du réalisme. Elle n'a pas accepté la croyance selon laquelle il lui était inutile d'apprendre à lire et à écrire. Elle ne s'est pas considérée comme une victime et ne s'est pas plainte que la vie était injuste, ce que bien d'autres auraient fait dans sa situation.

Est-ce qu'elle a eu des moments où elle a pensé que le monde était cruel ? Oui. Est-ce qu'elle a eu ses moments de révolte ? Oui. Mais elle s'est toujours relevée et a toujours poursuivi la seule vie qu'elle pouvait vivre : la sienne !

Elle a choisi des croyances positives, comme croire que le fait d'être aveugle et sourde ne l'empêcherait pas de connaître une vie longue, joyeuse et épanouie ; elle pouvait apprendre à parler et à lire ; elle avait un but dans la vie et elle accomplirait de grandes choses.

Si Helen Keller a utilisé la puissance des croyances positives pour dépasser ses difficultés et connaître une vie riche et heureuse, imaginez ce que vous pourriez accomplir, si seulement vous arriviez à croire que c'est possible.

CHAPITRE 9

Votre verre est-il à moitié vide ou à moitié plein ?

En plus d'avoir un système de valeurs enrichissant, les gens riches et heureux partagent aussi le choix d'adopter une vision optimiste de la vie.

Les optimistes voient les occasions dans toutes les situations. Ils considèrent l'échec comme un événement isolé qui ne relève pas de leur responsabilité ou qui résulte d'une mauvaise journée. Ils voient en l'échec la chance d'acquérir une expérience supplémentaire.

Lorsqu'une personne optimiste se voit refuser une promotion, elle se dit que le moment n'était tout simplement pas venu et que cela marchera la prochaine fois ou qu'elle aura à faire preuve de plus de créativité pour démontrer sa valeur. Elle pourra même se dire que c'est peut-être le bon moment pour changer d'employeur, puisqu'elle ne semble pas recevoir la reconnaissance qu'elle juge mériter.

Toutes ces façons de voir la situation lui permettent de garder le contrôle de sa destinée au lieu d'adopter une attitude de victime.

Les pessimistes sont d'éternels inquiets. Ils ont l'impression que la vie suit une impulsion négative. Ils considèrent les échecs et les événements frustrants comme des exemples démontrant à quel point la vie est dure. Lorsqu'une personne pessimiste n'obtient pas une promotion, elle croit qu'elle n'est pas assez bonne, qu'elle ne le sera sans doute jamais, que le patron la déteste ou que les gens comme elle n'obtiennent jamais ce type d'emploi.

Une personne optimiste considère une situation et agit en conséquence, s'attendant toujours à un résultat ou à un dénouement positif. Si elle découvre une bosse là où il ne devrait pas y en avoir, elle consulte le médecin sans tarder. La personne pessimiste, elle, restera passive et se tracassera de ce qui lui arrive, convaincue qu'elle doit être à deux pas de la mort. Très souvent, elle ne fera rien d'autre qu'espérer que le problème disparaisse de lui-même.

Il est démontré qu'une attitude optimiste apporte une réduction du stress et des risques de dépression, une meilleure habileté pour éviter la maladie ou s'en sortir, la persévérance devant l'adversité et une meilleure longévité.

Avouez que c'est un bon début! Notez qu'il n'y a aucun avantage démontré à être pessimiste.

Peu de gens aiment avouer qu'ils sont pessimistes. Ils préfèrent se dire réalistes, mais ils passent leurs journées à s'inquiéter de leurs enfants, à imaginer que la circulation sera congestionnée, peu importe le chemin qu'ils emprunteront, à penser qu'ils tomberont malades s'ils ne désinfectent pas la poignée du chariot d'épicerie et à craindre que leur avion soit détourné par des terroristes.

Rien de tout cela n'est réaliste. Ce sont des perceptions pessimistes, pour ne pas dire névrosées, de la vie.

Les gens riches et heureux sont conscients que l'on peut choisir de s'inquiéter au sujet des choses que l'on peut contrôler, comme de celles que l'on ne peut contrôler. Ils savent aussi que, s'il est impossible de contrôler une chose, le fait de s'en inquiéter n'y changera rien; toutefois, s'il est possible de contrôler une chose, il faut agir en conséquence et voir ce qui en découle.

Si vous sentez qu'il est justifié de vous inquiéter parce que vous considérez l'inquiétude comme un appel à passer à l'action, alors demandez-vous combien de fois vous avez tenu compte d'un tel appel. Les pessimistes le font rarement. Ils voient bien quel leur santé décline et qu'ils gagnent du poids, mais ils ne modifient pas leurs habitudes alimentaires et ne font pas plus d'exercices. Ils demeurent assis à s'inquiéter et à penser qu'ils vont un jour bouger et changer les choses. Généralement, cela reste une pensée !

Les gens riches et heureux savent que le pessimisme et l'inquiétude ne sont pas nécessaires dans la vie, que ce sont des pertes d'énergie et qu'il vaut mieux utiliser leurs ressources pour trouver des solutions à tous les défis qui se présentent.

Quant à ceux qui affirment : « Je suis pessimiste de nature, je n'y peux rien », sachez qu'il s'agit simplement d'une croyance erronée.

Après plus de vingt ans de recherches en psychologie positive, le Dr Martin Seligman, expert de renommée mondiale, a démontré hors de tout doute que n'importe qui peut se défaire d'une attitude pessimiste et adopter une vision optimiste.

Personne n'est un pessimiste né. Des facteurs génétiques, sociaux ou environnementaux peuvent amener une personne à avoir tendance au pessimisme et à croire aux vertus de l'inquiétude, mais cela ne demeure qu'une croyance qui peut être renversée.

Jen Smith l'a brillamment démontré.

Lorsque Jen était enfant, ses parents vivaient de chèque de paie en chèque de paie. Elle et sa sœur cachaient honteusement leurs billets pour des repas gratuits et passaient leur temps libre à fouiller dans les poubelles du supermarché de leur voisinage à la recherche de quelconques produits dont la date de péremption était dépassée et qui avaient été jetés.

En plus de ses problèmes financiers, la famille de Jen n'était pas très heureuse. Les membres souffraient d'une prédisposition génétique à la dépression chronique, ce qui troublait les rapports au quotidien entre Jen et sa famille.

Pour la plupart des gens, la combinaison de ces facteurs aurait suffi à créer une vie de stress financiers et de luttes en général.

Jen finit par abandonner l'école et fut engagée sur l'équipe de nuit d'une beignerie. Un jour, elle eut une pensée digne des gens riches et heureux. Elle a pris conscience que si elle restait sur cette voie, sa vie ne s'améliorerait pas. Elle a aussi réalisé que pour se sortir de son bourbier, elle devait cesser de se concentrer sur les choses qui n'allaient pas et sur lesquelles elle n'avait aucun contrôle et plutôt commencer à changer les choses qu'elle pouvait changer.

Pour commencer, il lui fallut modifier son dialogue intérieur. Elle a cessé de se voir comme une victime des circonstances et elle a commencé à croire qu'il y avait des solutions et qu'elles les trouveraient. Adopter cette attitude positive lui ouvrit les portes pour trouver des solutions, élaborer des plans et faire des gestes afin de devenir riche et heureuse.

Elle a appris l'entrepreneuriat. Elle a ensuite commencé à imposer ses propres règles et à vivre comme elle l'entendait, accumulant ainsi de plus en plus de temps dans l'esprit de la richesse et du bonheur.

À l'aube de la quarantaine, Jen était devenue indépendante financièrement et vivait riche et heureuse, aidant du coup d'autres personnes à faire comme elle. Et tout cela a commencé lorsqu'elle a pris la décision de cesser d'être une victime des circonstances et de commencer à croire que les choses pouvaient s'améliorer. Je vous encourage à en savoir plus sur Jen, maintenant connue sous le surnom de la maman millionnaire d'à-côté *et à lire son histoire inspirante à* http://millionairemommynextdoor.com.

En début de chapitre, nous avons vu les bénéfices d'une attitude optimiste sur la santé. Voyons maintenant ce qui survient lorsque l'on adopte l'attitude contraire.

On note un double lien entre la maladie et l'inquiétude pessimiste. Non seulement l'inquiétude augmente vos risques d'être malade, mais elle réduit terriblement votre capacité de guérison rapide et complète.

Sur le plan physiologique, cela s'explique en partie par le fait que la majorité des agents infectieux pénètrent dans le corps par les voies orales et nasales. L'une des premières lignes de défense du corps, en plus de la peau, est la salive. Elle agit comme une barrière qui entoure et affaiblit les visiteurs indésirables avant que ceux-ci aient une chance de nuire.

Savez-vous ce qui arrive lorsque vous êtes très inquiet ou angoissé ? Votre cerveau est prêt à combattre ou à fuir. Il diminue alors la production de salive. Votre corps est en survie et, par conséquent, la production de salive, qui aide à prévenir les infections et à préparer la nourriture pour la digestion, n'est plus considérée comme indispensable. Votre cerveau considère que si vos ressources ne sont pas mobilisées ailleurs, vous pourriez très bien ne plus manger du tout.

C'est pourquoi les gens ont la bouche sèche lorsqu'ils ont peur et qu'ils tombent souvent malades après avoir vécu de longues périodes de stress. C'est aussi la raison pour laquelle les athlètes contractent souvent des infections respiratoires environ deux semaines après une dure épreuve de compétition.

L'inquiétude intense a également des effets nocifs sur le sommeil, ce qui limite les capacités curatives du corps.

Les gens qui disent : « Je m'inquiète à m'en rendre malade », n'exagèrent pas du tout. Ce qui est triste, cependant, c'est qu'ils ne comprennent pas la véracité de leur affirmation. Ils croient simplement utiliser une expression sans signification, comme « je suis mort de peur » ou « je suis crevé ». Cela dit, ils disent plutôt la vérité : ils sont littéralement malades d'inquiétude.

Quelqu'un qui maintiendrait un état prolongé de pessimisme et d'inquiétude excessive pourrait non seulement attraper plus souvent des rhumes, mais il risquerait aussi une crise cardiaque prématurée et évitable.

Votre santé globale reflète ce qui se passe à l'intérieur de vous et très souvent, cela revient à dire que c'est la réflexion de votre approche optimiste ou pessimiste de la vie.

Si vous croyez toujours que maintenir une attitude inquiète et pessimiste est nécessaire, faites l'exercice suivant. Pensez à la même période l'an dernier et essayez de vous souvenir de quoi vous vous inquiétiez. Allez, pensez-y vraiment. Qu'est-ce que c'était, précisément ?

À moins qu'à ce moment-là vous viviez un événement traumatisant dans votre vie, vous n'êtes probablement pas capable de vous rappeler la nature de vos inquiétudes. Ce n'est plus qu'une inquiétude quelconque d'une autre journée, d'un autre mois, d'une autre année. Si vous n'arrivez pas à vous en souvenir douze mois plus tard, alors la situation n'était pas si inquiétante.

La certitude à acquérir est la suivante : il n'y a jamais de bénéfice à être pessimiste ou inquiet. Et puisqu'il n'y a aucun bénéfice à en tirer, à quoi bon l'être.

Si vous vous inquiétez de ne plus avoir à être inquiet (je sais, c'est drôle à dire) et si, ce faisant, vous craignez de devenir insouciant ou irresponsable, prenez conscience qu'il s'agit d'une croyance, non d'un fait.

Le pessimisme surgit précisément parce que la personne n'a pas pris le temps de bien évaluer tous les aspects d'une situation. Ou alors, elle a carrément exagéré le risque encouru.

Par exemple, dressez la liste des dix dernières inquiétudes que vous vous rappelez avoir vécues. Peu importe le sujet de ces inquiétudes : être ridicule en ayant enfilé des chaussettes différentes ou être convaincu que votre mal de tête est causé par tumeur au cerveau. Peu importe leur nature, inscrivez ces inquiétudes.

Mes dix dernières inquiétudes

Si vous êtes de nature optimiste, vous ne pourrez probablement pas compléter cet exercice, car vous ne vous rappellerez pas avoir eu à vous inquiéter pour autant de situations.

Si vous avez toujours été une personne pessimiste, des dix dernières inquiétudes que vous avez inscrites au tableau précédent, combien se sont vraiment concrétisées ? Probablement pas plus d'une ou deux. Ce qui veut dire que dans 80 % des cas, vous aviez tort de prendre la décision de vous inquiéter – car c'était vraiment une décision de votre part.

Ce type d'informations vous aidera. Toute personne saine d'esprit réalisera aisément qu'il est tout à fait inutile de s'inquiéter.

Il y a plus encore. Concernant les inquiétudes qui se sont véritablement concrétisées dans votre vie, combien ont eu un impact aussi négatif que vous l'anticipiez ? Probablement aucune ou si peu.

Les gens riches et heureux refusent d'allouer du temps et de l'énergie à des choses qui ne se réalisent pas. S'ils avaient du temps et de l'énergie à perdre, ils les perdraient pour des choses qui se concrétisent vraiment. Si vous désirez vraiment devenir riche et heureux, vous devez adopter ce comportement.

Pour vous aider, je vous offre une journée libre de toute inquiétude pessimiste. Pour vous préparer, je vous donne la chance aujourd'hui de vous préoccuper de tout ce que vous voulez : votre santé, la température, la politique, votre famille, cet inconnu qui vous regarde drôlement, votre poids ou tout autre point pour lequel vous avez l'habitude de vous préoccuper. Prenez le temps de vous « prélasser » dans vos inquiétudes pour une heure ou plus. Allez-y, ne vous gênez pas. Puis, demain, laissez-moi m'inquiéter à votre place. Promis, je ne vous facturerai rien !

Peut-être vous dites-vous que vos problèmes sont trop importants actuellement pour que cela vous concerne. Pourtant, cela vous concerne. Même si vous êtes sérieusement malade ou que vos problèmes financiers sont tels que vous risquez de perdre votre maison, vous pouvez choisir de ne pas être pessimiste et de ne pas vous inquiéter.

Franchement, de tels comportements non seulement ne vous seront d'aucune utilité, mais ils vous rendront encore plus mal en point et vous paralyseront, alors que vous avez absolument besoin de passer à l'action.

Me prêter vos inquiétudes ne sera pas une solution permanente. Par contre, cela vous montrera que la Terre n'arrête pas de tourner, que votre vie n'est pas une tragédie et qu'il n'y a vraiment aucun avantage à vous inquiéter.

Il vous faudra peut-être beaucoup de temps et de patience pour défaire des années de pessimisme et d'inquiétude. Mais, avec de la volonté, vous pouvez y parvenir. Je le sais parce que je l'ai fait et que je ne suis pas supérieur à vous.

Comme réflexion finale sur ce sujet, laissez-moi vous raconter l'histoire de Norman Cousins.

Cousins était l'un des plus grands activistes pour la paix du XXᵉ siècle. Il a reçu des remerciements de la part de John F. Kennedy, du pape Jean XXIII et d'Albert Einstein. Il a aussi reçu la Médaille de la paix des Nations unies et d'autres décorations pour son travail en faveur de la paix.

À deux reprises, les médecins ont dit à Cousins qu'il allait bientôt mourir et dans les deux cas, il a réagi de la même façon : il est resté optimiste et il ne s'est pas inquiété. Puis, il a agi selon ce qui lui semblait être le plus utile à ce moment-là.

La première fois, il avait reçu un diagnostic de spondylite ankylosante, une maladie dégénérative qui attaque le collagène – le collagène relie les cellules du corps ensemble. Lentement, Cousins devenait de plus en plus paralysé et les médecins lui ont annoncé qu'il n'avait plus que quelques mois à vivre.

Cousins se réfugia dans un hôtel et il ingurgita de grandes quantités de vitamine C. Mais il apporta aussi les films des Marx Brothers, des comédies hilarantes. Et il a ri jusqu'à en retrouver sa mobilité.

La seconde fois, Cousins subit une attaque cardiaque et on lui diagnostiqua une maladie cardiaque à un stade avancé. Il sortit de l'hôpital et reproduisit le même scénario : vitamine C et comédies. Une fois de plus, il confondit les médecins et vécut une décennie de plus.

Certes, le retour à la santé de Cousins est attribuable à plusieurs facteurs. Il avait une attitude optimiste, il était convaincu de savoir ce qui était le mieux pour son corps et il prit les décisions qu'il croyait être les bonnes pour retrouver la santé. Il utilisa son temps et son énergie à guérir, non à s'inquiéter.

CHAPITRE 10

Échouez, échouez rapidement et échouez souvent

« Voilà le vrai homme, qui dans la meilleure des hypothèses connaîtra la victoire et la conquête et dans la pire des hypothèses tombera ; mais même dans sa chute il est grand, parce qu'il a vécu avec courage, et il a été au-dessus de ces âmes tièdes qui n'ont jamais connu de victoires ou de défaites. »
— Theodor Roosevelt

L'une des plus puissantes croyances qui permet aux gens riches et heureux de vivre leur vie de rêves est qu'il est permis d'échouer. En tant qu'êtres humains, nous apprenons beaucoup plus vite en faisant des erreurs, en trouvant ce qui n'a pas fonctionné et ensuite, en essayant une autre façon de faire. Notre cerveau est ainsi programmé.

Lorsque nous étions bébés, nous avons appris à nous retourner, puis à ramper et ensuite à marcher. Nous l'avons appris en faisant des essais, encore et encore. Lorsque nous échouions, nous ne pensions pas : « Oh, je crois que je n'y arriverai jamais. Je vais simplement rester assis. » Non, nous avons essayé, nous avons échoué, nous avons recommencé et essayé encore. En tant que bébés, nous n'avons pas appris à être embarrassés par nos échecs, alors nous avons eu la ténacité de continuer à essayer. Instinctivement, nous savions que si nous cessions d'essayer, nous serions limités à un seul stade. La seule option était de poursuivre l'apprentissage. De plus, nous étions encouragés par les êtres chers autour de nous. Chaque fois que nous faisions un essai, ils souriaient et applaudissaient nos efforts, sans nous réprimander si nous ne réussissions pas du premier coup.

Puis, un phénomène étrange, et même antiévolutif, s'est produit. À mesure que nous avons grandi, soudainement il est devenu évident que l'échec n'était dorénavant plus envisageable. Les entraîneurs veulent que les sportifs réussissent, les parents exigent des A sur les bulletins scolaires, les professeurs marquent les erreurs en rouge et la moindre indiscrétion peut entraîner moqueries et insultes de la part des autres.

C'est ainsi que, lentement, la plupart des gens ont expérimenté la peur de l'échec, la peur de se démarquer du groupe (ce qui parfois s'apparente à la peur de réussir!) et la peur de faire les choses différemment. La créativité et l'audace nécessaires pour prendre des risques sont étouffées dans le but de s'ajuster aux normes de la société.

Ces peurs n'étaient pas inscrites en nous au départ. Elles nous furent transmises par nos parents, par nos pairs, par notre famille et par nos professeurs. Bien sûr, aucune de ces personnes n'avait l'intention de nous enseigner la peur. Les conseils et les réprimandes étaient, en général, bien intentionnés, mais les dommages ont tout de même été occasionnés.

Les gens riches et heureux ont appris à se défaire de cette façon de penser. Bien sûr, ils préfèrent réussir, mais ils sont conscients qu'un échec est simplement une étape de l'ascension vers le succès.

Michael Jordan, le plus grand joueur de basketball de l'histoire, a déjà dit : « J'ai échoué encore et encore au cours de ma vie et c'est pourquoi j'ai réussi. » Son pourcentage de réussite sur ses lancers était de 51 %. En d'autres mots, il ratait ses tirs presque aussi souvent qu'il les réussissait. Mais il ne s'est jamais laissé arrêter par ce fait.

Que tenteriez-vous de faire si vous ne vous préoccupiez pas d'échouer ou de réussir ? Je ne suggère pas d'aborder la vie de façon apathique et de ne pas donner le meilleur de vous-même. Je vous encourage plutôt à accepter que, peu importe vos compétences, les échecs font partie de la vie et que, par conséquent, vous ne devez pas les laisser vous retenir ou vous abattre.

Richard Branson, le milliardaire excentrique fondateur de *Virgin Music* et de *Virgin Airways*, a continuellement pris des risques et quelques-unes de ses initiatives sont loin d'avoir connu le succès. Pourtant, il est reconnu comme une icône du monde des affaires.

À seize ans, il avait déjà mis sur pied un magazine étudiant tout simplement intitulé *Student*. À vingt ans, il fondait *Virgin Records* et révolutionnait du coup la scène musicale en Grande-Bretagne. Les critères pour être embauché par Branson étaient simplement l'amour de la musique et le désir de travailler pour *Virgin*. Branson ne se laissait pas intimider par les cheveux longs et les tatous des candidats.

Ses boutiques étaient florissantes. Il a alors acheté une maison de campagne qu'il a transformée en studio d'enregistrement pour ensuite fonder l'étiquette *Virgin Records*. Par la suite, il a pris un risque énorme en lançant l'album *Tubular Bells* d'un artiste inconnu, Mike Oldfield. L'album se vendit à plus de quinze millions d'exemplaires dans le monde entier et demeura sur le palmarès britannique pendant 279 semaines.

Tout cela laisse croire que Richard Branson a connu continuellement des succès. Mais ce n'est pas le cas.

Branson a démarré plus de trois cents entreprises, dont plusieurs ne connurent pas le succès et dont certaines ont même essuyé de retentissants échecs. Branson a aussi échoué dans d'autres projets personnels. Avec Per Linstrand et Steve Fossett, ils échouèrent à trois reprises dans leur tentative d'être les premières personnes à faire le tour de la planète en montgolfière. Il a aussi échoué lorsqu'il a essayé d'être à la tête de la plus grande loterie nationale en Grande-Bretagne. Et plusieurs personnes diront aussi qu'il a échoué dans sa tentative de faire de *Virgin Rail* le chef de file des services ferroviaires.

Est-ce qu'il en fut démoralisé? Au moment de vivre ces échecs, il n'était sans doute pas très enthousiaste. Cela dit, il savait que le succès naissait des échecs. Et il l'a prouvé maintes et maintes fois.

Branson sait fort bien que l'échec est inévitable et qu'il vaut mieux le prendre du bon côté et poursuivre sa route. Il l'a très bien exprimé lorsqu'il a dit : «Il y a certaines choses pour lesquelles je trouvais que j'avais été trop loin. Cependant, si cela ne vous dérange pas de faire un fou de vous-même et de faire sourire les gens – pourvu que ce soit avec le sens de l'humour –, vous pouvez vous le permettre.»

Jusqu'où pourriez-vous vous rendre si vous adoptiez une telle philosophie?

Sur la côte est des États-Unis, Donald Trump est, sans contredit, une icône du monde des affaires. De plus, à cause de son émission télévisée, *The Apprentice*, il est l'une des personnes les plus connues aux États-Unis.

En 1989, Trump connut une faillite dans un projet d'affaires, ce qui l'amena lui-même au seuil de la faillite personnelle. En 1992, il connut de nouveau des difficultés et il dut remettre à la *Citibank*, et à d'autres investisseurs, 49 % de ses parts dans le *Trump Plaza Hotel* pour rembourser des dettes. Et pas plus loin qu'en février 2009, Trump eut de nouveau des difficultés, cette fois avec *Trump Entertainement Resorts*.

Malgré ces revers et d'autres échecs, il n'en possède pas moins des hôtels à Las Vegas, à New York, à Chicago et à Atlantic City. Il possède aussi de nombreux terrains de golf et des immeubles à travers le monde. Sa valeur nette est estimée à trois milliards de dollars. Il a été mis en nomination à deux reprises pour un prix Emmy et il a même sa propre étoile sur le boulevard des célébrités à Hollywood.

Peu de gens auraient pu s'imaginer que Branson et Trump avaient connu des échecs. Pourtant, ils en ont subi tous les deux, et parfois de fracassants échecs. Mais, dans l'esprit de ces deux hommes, l'échec était admissible, parce qu'ils savaient que plus ils échouaient, plus ils apprenaient. Plus ils apprenaient, plus ils réussissaient. Donc, paradoxalement, plus ils échouaient, plus ils réussissaient.

Tiger Woods a été le joueur numéro un sur la scène du golf international. Pourtant, il a perdu plus de tournois qu'il en a gagnés. Abraham Lincoln est devenu le seizième président des États-Unis et il a permis à la nation américaine de traverser une guerre civile, même s'il a perdu plus d'élections qu'il en a gagnées. Alice Paul et Lucy Burns ont lutté pendant douze ans et ont subi de nombreux affronts, notamment des arrestations et des incarcérations, avant d'obtenir le droit de vote pour les femmes aux États-Unis.

Les gens riches et heureux savent qu'en tant qu'êtres humains, ils ont une habileté innée à s'organiser lorsque les choses vont mal. Il n'est pas nécessaire d'éviter l'échec. Non seulement nous pouvons y faire face, mais de plus, il représente une occasion d'apprendre et de grandir.

Pensez aux projets qui n'ont pas fonctionné durant votre vie. Vous les avez affrontés un par un et vous avez tiré parti de chacune de ces situations. Vous devrez composer avec de telles situations jusqu'à la fin de votre vie. Dites-vous que la pensée de l'échec est presque toujours pire que l'événement lui-même.

Pour vraiment réussir dans la vie, accueillez les échecs, même si cela vous effraie. Abordez les projets en vous disant : « Je vais faire de mon mieux et si cela ne fonctionne pas, j'essaierai autre chose. » Vous êtes un être humain, vous gafferez à l'occasion, c'est normal. Si vous pouvez en rire et apprendre de vos erreurs, non seulement vous apprendrez à éliminer l'inquiétude au sujet de l'échec, mais vous réduirez la probabilité qu'il survienne.

Maintenant, après cette réflexion, pouvez-vous encore considérer l'échec comme une mauvaise chose ? Avez-vous déjà considéré l'échec sous un angle aussi étonnant et utile ? Dorénavant, il vous sera impossible de considérer l'échec autrement que comme ce qu'il est vraiment : une occasion d'apprendre !

Je ne dis pas que votre peur de l'échec va s'évaporer instantanément, mais elle s'atténuera graduellement si vous continuez de l'affronter, parce qu'elle n'est qu'une croyance. Et le plus important, c'est que vous pouvez dorénavant foncer malgré le sentiment de peur sachant que si les choses ne devaient pas se dérouler comme prévu, vous seriez en mesure de composer avec ces difficultés.

Comme William Shedd le mentionnait dans son livre *Salt from My Attic*: « Un bateau est à l'abri au port, mais les bateaux ne sont pas construits pour rester au port. »

CHAPITRE 11

Vos croyances au sujet de l'argent vous maintiennent-elles dans la pauvreté ?

Pour bien démontrer à quel point des croyances erronées au sujet de l'argent peuvent vous empêcher d'être riche et heureux, examinons-en quelques-unes que l'on retrouve en général dans la population.

Des millions de personnes croient que l'argent les rendrait heureuses si elles en avaient suffisamment et qu'elles baigneraient alors automatiquement dans le bonheur. La vérité est tout autre.

Dès que les gens sont sortis d'une pauvreté abjecte, il n'y a pratiquement plus aucun lien entre la richesse et le bonheur.

Laissez-moi vous le répéter au cas où vous auriez cru qu'il y avait une erreur de formulation.

Dès que les gens sont sortis d'une pauvreté abjecte, il n'y a pratiquement plus aucun lien entre la richesse et le bonheur.

Une étude menée en 2006 à l'université Princeton par l'économiste Alan B. Kruger en collaboration avec le psychologue Daniel Kahneman, récipiendaire d'un prix Nobel, conclut que « la croyance selon laquelle un revenu élevé génère du bonheur est très répandue, mais en bonne partie illusoire. Les gens ayant un revenu au-dessus de la moyenne sont relativement satisfaits de leur vie, mais ils sont rarement plus heureux que ceux qui vivent de chèque de paie en chèque de paie. De plus, ils ont tendance à être plus tendus et ils ne passent pas plus temps à faire des activités plaisantes ».

Plusieurs autres études en sont venues à la même conclusion. Pourtant, plusieurs personnes refusent d'accepter que ces conclusions les concernent. Elles sont d'accord avec ces études lorsqu'il s'agit des autres, bien sûr. Et elles retournent à leur boulot et travaillent quatre-vingts heures par semaine pour faire de l'argent, souvent au détriment de leurs relations familiales, de leur vie sociale ou de leur santé.

Seriez-vous étonné d'apprendre que, six mois après un gain, beaucoup de gagnants à la loterie ne se considèrent pas comme plus heureux que les gens qui sont restés paralysés à la suite d'un accident de la circulation ?

Le professeur de psychologie de Harvard, Daniel Gilbert, en a fait la découverte et en a parlé dans son brillant ouvrage *Stumbling on Happiness*.

Alors, pourquoi en est-il ainsi ?

En ce qui concerne les gagnants à la loterie, rien n'a vraiment changé dans leur vie, si ce n'est qu'ils ont reçu beaucoup d'argent et qu'ils ont pu acquérir des possessions matérielles grâce à cet argent.

De leur côté, les gens qui sont devenus paralysés ont accompli quelque chose d'important. Ils ont appris à s'adapter à une situation qui, auparavant, aurait été intenable, et à s'en accommoder. Ils ont démontré de la résilience et, dans bien des cas, ils en sont venus à comprendre ce qui était vraiment important pour eux en tant qu'êtres humains. De ce fait, ils ont cheminé sur le chemin du développement personnel.

Ce qu'il faut comprendre de toutes ces études, ce n'est pas que l'argent ne peut pas vous aider à atteindre un état de bonheur. En fait, il le peut. Vivre constamment sans épargne pour faire face aux imprévus peut être très stressant.

Cependant, il est faux de croire que l'argent engendre à lui seul votre bonheur. Une telle croyance vous conduit à bien des déceptions.

Donc, si les gens riches et heureux n'entretiennent pas la croyance que l'argent est égal au bonheur, quelles sont donc leurs croyances au sujet de l'argent ?

Mes recherches m'ont démontré que, non seulement leurs croyances sur l'argent sont cohérentes, mais elles sont de plus le facteur déterminant de leur succès.

Être riche et heureux, c'est faire ce que l'on veut, quand on le veut. Ce n'est pas acquérir de l'argent. Toutefois, puisque l'argent constitue le moyen de négocier dans le monde, les croyances que les gens entretiennent au sujet de l'argent ont un impact majeur sur leur capacité à être riches et heureux.

J'ai noté ci-après les croyances les plus répandues sur l'argent chez les gens qui ne sont pas riches et heureux. J'ai volontairement laissé en blanc la fin de l'affirmation, pour voir si votre esprit peut facilement la compléter :

1. L'argent est la racine de tous _____

2. Il est plus facile à un chameau de passer par le trou d'une aiguille qu'à un riche d'entrer dans le _____

3. L'argent ne pousse pas dans _____

4. Le riche s'enrichit, le pauvre _____

5. Le temps, c'est de _____

Si vous avez pu compléter les phrases rapidement, et si de plus vous n'avez pas ressenti d'émotions négatives alors, à un niveau ou un autre, vous entretenez des croyances limitatives sur l'argent.

Voici de nouveau la liste, cette fois-ci complétée.

1. L'argent est la racine de tous les maux.

2. Il est plus facile à un chameau de passer par le trou d'une aiguille qu'à un riche d'entrer dans le royaume des cieux.

3. L'argent ne pousse pas dans les arbres.

4. Le riche s'enrichit, le pauvre s'appauvrit.

5. Le temps, c'est de l'argent.

Voici ensuite la liste de cinq autres croyances communes qui empêchent d'être riche et heureux :

6. Je n'aurai jamais assez d'argent.

7. Les gens fortunés ne sont pas heureux.

8. Je suis nul pour la gestion de l'argent.

9. Si j'avais de l'argent, je deviendrais snob.

10. Plus j'aurai d'argent, plus j'aurai de problèmes.

De nouveau, si vous n'éprouvez pas de forts sentiments contradictoires en lisant ces phrases, cela indique qu'à un niveau ou un autre, vous entretenez des croyances limitatives sur l'argent.

Conserver ces croyances, ou toute autre croyance limitative, vous éloigne d'une vie riche et heureuse. Vous envoyez le signal à votre subconscient que vous avez une aversion importante envers l'argent, qu'il s'agisse de le posséder ou de le gérer.

Puisque l'argent constitue le moyen d'échange pour beaucoup d'expériences et d'aventures pour les gens riches et heureux, votre subconscient fera tout ce qui est possible pour vous faire rater toutes ces occasions.

Dans la plupart des cas, vos croyances sur l'argent ne viennent pas de vous. Vous ne les avez pas choisies à un niveau conscient. Vous les avez entendues d'autres personnes (souvent un parent ou

une personne proche) et vous les avez acceptées ou adoptées avec le temps, sans jamais remettre en question leur validité ou leur utilité dans votre vie.

Pensez à l'expression : « Le temps, c'est de l'argent. » Est-ce que le temps est vraiment de l'argent ? Vous êtes-vous déjà arrêté pour y réfléchir ? Le temps n'est pas de l'argent. L'argent est l'argent.

Ou encore : « L'argent est la racine de tous les maux ». L'argent est un objet inanimé. Il ne peut être la racine du mal ou le mal lui-même. Bien sûr, des gens utilisent parfois l'argent dans des buts immoraux ou illégaux, mais qu'est-ce que cela prouve ? Rien ! Parce que l'argent est aussi utilisé à des fins morales, légales, éthiques, charitables et humanitaires.

Ce chapitre me tient particulièrement à cœur parce que j'ai longtemps entretenu une croyance débilitante sur l'argent. Je croyais que les gens qui avaient beaucoup d'argent l'avaient obtenu en dépouillant quelqu'un d'autre.

Ils pouvaient bien avoir l'air gentil, et même l'être, mais s'ils avaient beaucoup d'argent, ils devaient sûrement l'avoir pris à quelqu'un.

Cette croyance m'a beaucoup nui dans ma quête d'une vie riche et heureuse, car l'intégrité est une valeur très élevée chez moi. Il est important pour moi d'être honnête et juste. Mais, selon ma croyance, si je devais un jour avoir beaucoup d'argent, alors je devrais le voler à quelqu'un d'une manière ou d'une autre.

Ainsi, chaque fois que je commençais à connaître le succès financier, je sabotais moi-même mes efforts, même si je gagnais mon argent d'une façon honnête et éthique en effectuant un travail que j'aimais et en apportant une différence dans la vie des gens.

Dès que les choses s'amélioraient, je vivais cet inconfort intérieur, je changeais mes plans et je cessais mes activités. Puis, je me sentais encore plus mal. Pendant des années, je n'arrivais pas à comprendre ce qui se passait.

Mes amis et ma famille me demandaient pourquoi je m'arrêtais au moment où tout allait si bien. Mais, à cause de ma croyance erronée, mon subconscient me faisait vivre un important conflit intérieur.

D'une part, je lui envoyais le message que je voulais passer ma vie à dire ce que j'aimais et à avoir une influence positive sur la vie des gens. Évidemment, plus je suivais cette voie, plus j'étais récompensé, souvent financièrement.

D'autre part, j'envoyais le message à mon subconscient que si j'avais beaucoup d'argent, alors forcément je devais l'avoir pris à quelqu'un, ce que je ne voulais absolument pas faire.

Ce conflit intérieur se perpétua durant des années. J'avançais vers le succès et la prospérité, puis je faisais marche arrière. Et le manège recommençait.

Finalement, dans ma quête de la formule pour être riche et heureux, j'ai découvert que mes croyances sur l'argent étaient le problème. Elles étaient en dissonance avec la réalité. Et, du coup, j'ai trouvé la solution.

Tout ce qu'il faut pour rectifier une croyance erronée est de trouver un exemple concret qui démontre la fausseté de votre croyance erronée.

Par exemple, en ce qui me concerne, je me suis demandé : « Est-ce que je peux identifier une personne qui soit riche financièrement et qui ait gagné son argent d'une façon qui n'impliquait ni le vol ni une quelconque magouille au détriment des autres ? » J'ai tout de suite trouvé ma réponse. Oui, je pouvais même en identifier deux : le Dr Wayne Dyer et Marianne Williamson. Par leurs écrits et leurs conférences, ces deux personnes ont eu un impact positif dans la vie de millions de gens et elles ont gagné beaucoup d'argent.

Parce qu'elles étaient des personnes intègres qui avaient à cœur d'aider les autres, elles ont vendu des millions de livres et ont reçu des millions de dollars en retour. Soudainement, ma croyance m'apparaissait totalement fausse. Y croire encore devenait totalement ridicule.

À partir de ce moment-là, chaque fois que cette vieille croyance cherche à refaire surface, je pense immédiatement à ces deux personnalités, et j'arrive à modifier positivement mon alignement intérieur.

Le plus étrange dans tout cela, c'est que je connaissais bien l'œuvre du Dr Dyer et de Marianne Williamson depuis plusieurs années. Je maintenais ma fausse croyance, même si j'avais des exemples évidents sous les yeux.

J'ai compris, au cours de mes années de recherche, que les gens riches et heureux entretiennent des croyances positives au sujet de l'argent. J'ai ciblé trois d'entre elles, trois puissantes croyances. Si vous voulez avancer dans votre quête de la richesse et du bonheur, remettez en question toutes les croyances négatives que vous entretenez au sujet de l'argent et adoptez des croyances positives comme celles-ci :

1. **L'argent n'est ni bon ni mauvais. Il n'est qu'un moyen d'échange.** Si vous en doutez, tenez deux billets de banque. Lequel est bon ? Lequel est mauvais ? Vous réaliserez vite que la réponse est aucun des deux. Ce ne sont que des bouts de papier que les gens utilisent pour se procurer quelque chose.

2. **Il est possible et acceptable de faire beaucoup d'argent rapidement en faisant quelque chose que vous aimez et que vous considérez comme remarquable.** S'il vous faut un exemple, prenez conscience que chaque récipiendaire du prix Nobel de la paix reçoit une récompense d'un million et demi de dollars. Hier, cette personne n'avait pas cette somme, aujourd'hui elle la reçoit. Et on n'obtient pas un prix Nobel de la paix sans accomplir quelque chose de remarquable.

3. **Je mérite des récompenses financières.** Puisque l'argent est un moyen d'échange, chaque fois que vous exercez un impact positif sur quelque chose, il vous est possible de recevoir de l'argent en retour. C'est ainsi que le monde fonctionne. Alors, acceptez-le avec gratitude et accueillez-le.

CHAPITRE 12

Il ne faut qu'un seul bon exemple

Pensez à n'importe laquelle des croyances que vous entretenez. Peut-être que vous ne vous croyez pas à la hauteur d'un emploi de niveau supérieur ; peut-être que vous vous croyez trop petit pour faire un sport ; peut-être que vous ne vous croyez pas assez intelligent pour devenir président.

Peu importe la croyance, ramenez-la en plein jour en l'écrivant et en l'observant. Lisez-la et répétez-la à voix haute à quelques reprises. Puis, préparez-vous à lui dire adieu, car même si cette croyance semblait vous protéger, vous n'en avez plus besoin dorénavant.

Tout comme vous pouvez défaire une fausse croyance au sujet de l'argent simplement en trouvant un exemple qui la contredit, vous pouvez faire de même avec toutes les croyances.

Y a-t-il quelqu'un qui manquait de confiance, mais qui a tout de même décroché un emploi supérieur ? Pouvez-vous identifier un sportif qui compétitionne à un haut niveau malgré qu'il soit de la même taille que vous ? Y a-t-il eu un président qui n'était pas particulièrement plus futé que les autres ou dont les murs n'étaient pas ornés de diplômes universitaires ?

C'est ainsi que vous vous prouverez que ce que vous voulez faire est réellement possible. Le problème ne se situe pas sur le plan de la situation elle-même. Votre croyance erronée est le problème. Continuez à chercher et à trouver des exemples prouvant que votre croyance est fausse, et ce, jusqu'à ce que vous acceptiez que ce que vous voulez faire est réalisable.

Parfois, un exemple sera lié à votre situation sans être exactement identique. Si nous retournons au sujet de l'argent, supposons que vous souhaitez épargner de l'argent pour vos études, mais que vous croyez ne pas y arriver. Avez-vous déjà réussi à économiser pour quelque chose d'autre? Épargner de l'argent est un acte de maîtrise de soi. Avez-vous déjà démontré cette capacité dans une autre situation auparavant? Si oui, comment y êtes-vous parvenu? Pouvez-vous adopter la même stratégie? Si vous répondez oui à l'une ou l'autre de ces questions, cela suffit pour briser la fausse croyance selon laquelle vous ne pouvez pas épargner et pour la remplacer par une croyance plus positive.

Si vous n'avez jamais eu de maîtrise de vous-même ou si vous n'avez jamais réussi à épargner de l'argent, trouvez quelqu'un qui voulait épargner, qui y a cru et qui a réussi à le faire. Servez-vous de sa réussite pour vous permettre de changer votre croyance.

Une autre technique fantastique pour transformer votre perception de ce qui est possible et de ce qui ne l'est pas – et du coup, modifier vos croyances – est de changer quelques-uns des mots que vous utilisez.

Nous verrons cette technique un peu plus loin dans ce livre. Pour l'instant, commencez à incorporer le mot *encore* aussi souvent que vous le pouvez lorsque vous parlez de la vie riche et heureuse que vous souhaitez vivre.

Dire «je ne suis pas riche et heureux» est différent de «je ne suis pas encore riche et heureux». Le premier énoncé décrit un fait. «Voilà ce que je suis, c'est ainsi.». Le second exprime une situation temporaire qui peut être modifiée et qui le sera éventuellement.

Vous pouvez aussi modifier votre perception de la situation en changeant de temps de verbe. «Je suis incapable d'épargner de l'argent» devient «jusqu'ici, je n'ai pas été capable d'épargner de l'argent». Cette technique déplace le problème dans le passé et laisse supposer que vous pouvez le régler maintenant et pour toujours.

Simplement en essayant ces techniques, vous noterez que votre énergie, vos humeurs et vos progrès seront influencés positivement. Dès maintenant, croyez que vous avez la capacité et la possibilité de faire les changements que vous désirez, car c'est la réalité.

Avez-vous déjà obtenu un emploi, élevé des enfants, réussi un examen, créé un lien d'amitié ou reçu un compliment? Évidemment! Vous avez réussi ces trucs, et ne laissez personne vous dire le contraire, car ce serait un mensonge. Vous êtes un être qui réussit. C'est garanti à 100 %. Bien joué!

Bâtissez sur les succès que vous avez déjà accomplis dans votre vie, peu importe qu'ils vous semblent futiles ou importants. Ils peuvent vous aider à acquérir la croyance que vous réussirez à devenir riche et heureux.

Et à mesure que cette croyance grandira, vous réaliserez peut-être que le fait de modifier certaines autres de vos croyances peut prendre plus de temps que prévu. Soyez patient. Restez fidèle à ce que vous voulez accomplir et persévérez dans vos efforts. Et entretenez toujours la croyance que vous pouvez modifier vos croyances!

Vous commencez sans doute à réaliser toutes les possibilités qui s'offrent à vous. Vous avez pris conscience de la puissance des croyances et vous savez que vous pouvez choisir celles qui vous aideront.

Maintenant, faisons un pas de plus.

CHAPITRE 13

Pilules de sucre et capes noires

Vos croyances dictent votre réalité. Lorsque vous contrôlez vos croyances, tout ce que vous désirez est à vous.

Aux États-Unis, le processus pour homologuer un nouveau médicament par la *Federal Drug Administration* est laborieux et difficile. Il peut s'écouler huit ans entre l'idée initiale et l'acceptation par la FDA. L'une des phases de ce processus est l'essai du produit en même temps qu'un placebo.

La moitié des patients qui testent le médicament le reçoit effectivement, tandis que l'autre moitié reçoit un placebo que les patients pensent être le médicament, mais qui, en fait, n'est qu'une pilule de sucre. Ni les patients ni les responsables du test ne savent qui a reçu quoi.

On relève plusieurs cas documentés de patients ayant reçu un placebo qui ont tout de même vu leur état s'améliorer.

Le cas le plus souvent cité est une étude publiée dans le *Journal of the America Medical Association* qui démontre que 30 % des patients ayant reçu un placebo ont obtenu une amélioration de leur état. L'étude faisait suite à ce que le personnel médical avait découvert sur le terrain durant la Seconde Guerre mondiale.

Lorsque les vrais médicaments venaient à manquer, le personnel médical donnait aux soldats des pilules de sucre ou des doses d'eau saline en leur disant qu'il s'agissait d'aspirine ou de morphine. Dans plusieurs cas, même s'il s'agissait de faux médicaments, les symptômes des soldats étaient soulagés.

Bien que des débats subsistent à l'intérieur de la communauté médicale à savoir si l'effet placebo a vraiment soulagé les symptômes des patients ou si ces derniers ont plutôt cru que leurs symptômes étaient soulagés, le résultat est le même. La croyance que le médicament les aiderait a, en partie, engendré le résultat.

Il y a même un certain nombre de patients qui ont connu une amélioration de leur état après une chirurgie avec placebo.

L'édition du 11 juillet 2002 du *New England Journal of Medecine* a dévoilé les résultats d'une étude menée auprès de cent quatre-vingts patients traités pour une chirurgie arthroscopique au genou. Le premier tiers des patients a subi un lavage arthroscopique. Le deuxième tiers a reçu un traitement chirurgical différent appelé débridement arthroscopique. Le dernier tiers n'a eu droit qu'à de petites incisions au genou, sans qu'aucun cartilage ne soit retiré ni qu'aucun travail ne soit fait à l'intérieur du genou.

Aucun des patients ne savait s'il subirait la chirurgie véritable ou celle avec le placebo.

Au cours des deux années qui suivirent, les patients des trois groupes signalèrent le même niveau de résultats, soit une amélioration modérée de la douleur et une meilleure «fonctionnabilité».

Dans un autre exemple du pouvoir des croyances, des psychologues ont démontré par des expériences que des participants ayant bu les mêmes boissons énergétiques ressentaient des effets différents selon le prix de la boisson.

Simplement de savoir qu'une boisson coûtait deux dollars et qu'une autre coûtait un dollar changeait leur perception du potentiel du produit. Lorsqu'ils ont cru que c'était une boisson énergétique plus efficace, le produit est effectivement devenu plus efficace.

L'hypnose a depuis longtemps été utilisée pour aider les gens à contrôler leurs croyances. Comme les avantages sur le plan médical ont été documentés depuis plus de deux siècles, des millions de personnes se sont servies de l'hypnose pour contrôler la douleur. Au moins une des plus grandes compagnies d'assurances au monde a mis au point des CD d'hypnose pour les patients qui doivent subir une chirurgie, car il a été prouvé que les gens qui écoutent des messages positifs de guérison récupèrent plus vite, qu'ils ont moins de douleurs et qu'ils ont un taux de visites postopératoires inférieur, ce qui, bien sûr, réduit les coûts pour la compagnie d'assurance.

Des médecins formés à l'utilisation de l'hypnose ont travaillé avec succès auprès de patients allergiques aux anesthésiants. Ainsi, ils ont pratiqué sur ces patients des opérations chirurgicales sans anesthésie, comme l'extraction de tumeurs ou de dents de sagesse. Le seul outil pour contrôler la douleur des patients était leurs croyances.

Déjà, en 1957, le Dr William S. Kroger, l'une des autorités dans l'utilisation de l'hypnose en médecine, a aidé une patiente durant une chirurgie d'une heure à l'hôpital Edgewater de Chicago et il lui a retiré presque toute la glande thyroïde. Cette opération fut d'ailleurs relatée dans le *Times Magazine*. La patiente n'avait reçu aucune anesthésie. Après la chirurgie, elle se leva, but un verre d'eau et marcha dans la pièce. Plus tard, en entrevue, elle déclara n'avoir ressenti aucune douleur, seulement une pression et ce qu'elle a décrit comme un tiraillement dans la gorge.

Réfléchissez à cela !

Il a été prouvé des centaines de fois, dans des hôpitaux occidentaux, depuis plus de cinquante ans, qu'une personne peut subir une opération chirurgicale sans ressentir aucune douleur si elle a appris à contrôler son esprit et ses croyances.

Cela dit, les patients doivent croire que c'est possible. Sinon, leurs doutes éliminent leurs capacités réelles.

Si tout cela a retenu votre attention comme il se doit, alors j'ai encore une meilleure nouvelle pour vous.

Nous avons tous cette capacité !

Nous entrons dans des états équivalents à des transes hypnotiques et en ressortons plusieurs fois par jour. Avez-vous déjà conduit votre automobile pendant une certaine période pour ensuite réaliser que vous ne vous souvenez pas de ce que vous avez vu ou fait au cours des quinze dernières minutes ? Vous étiez si absorbé par vos pensées que l'activité de conduire votre voiture a été relayée à un autre niveau de concentration. C'est l'équivalent d'un état de transe hypnotique.

Bien que vous ne sembliez pas porter attention à votre conduite automobile, votre subconscient contrôlait cette activité pendant que votre esprit conscient se concentrait sur autre chose. Si quelqu'un était apparu devant la voiture ou si un autre automobiliste vous avait klaxonné, vous seriez revenu au niveau conscient en un clin d'œil.

Cela démontre que vous avez la capacité d'entrer en transe et de contrôler votre esprit, tout comme les patients en chirurgie l'ont fait.

Pensez à tout ce que cela implique.

Lorsque vous apprenez à contrôler vos croyances et à les aligner sur vos rêves de richesse et de bonheur, les possibilités sont infinies.

J'ai dressé la liste de huit croyances qui peuvent vous aider à devenir riche et heureux. Lisez-les à voix haute, chaque matin, au réveil. Faites-le de nouveau le soir avant de vous endormir. Et relisez-les aussi chaque fois que vous doutez de vous-même :

Tout est possible.

Je suis digne d'être riche et heureux.

Je suis capable d'être riche et heureux

Je mérite d'être riche et heureux.

Lorsque je suis riche et heureux, le monde entier en profite.

La seule personne qui peut me limiter, c'est moi-même.

Je peux être riche et heureux dès maintenant.

Être riche et heureux est mon état naturel et « évolué ».

CHAPITRE 14

Quels sont vos trois films favoris ?

J e vous ai dit, au début de ce livre, qu'il est impossible d'être riche et heureux – donc de faire ce que vous voulez, et ce, quand vous le voulez – si vous ne savez pas ce que cela signifie pour vous.

L'exercice de la découverte de vos valeurs vous a donné votre boussole intérieure. Les informations concernant les croyances vous ont aidé à rebâtir votre état mental de sorte que vous savez maintenant que tout est possible pour vous. Maintenant, attardons-nous à trouver ce que vous voulez faire.

Le tableau suivant est un agenda. Il indique comment se déroule une semaine typique d'une personne ordinaire.

	Lundi	Mardi	Mercredi	Jeudi	Vendredi	Samedi	Dimanche
5 h	DORMIR						
6 h							
7 h	Se doucher, s'habiller, déjeuner					DORMIR	
8 h	Se rendre au travail						
9 h	Travailler						
10 h							
11 h							
12 h	Dîner						
13 h	Travailler						
14 h							
15 h							
16 h							
17 h							
18 h							
19 h	S'entraîner au gym						
20 h	Souper						
21 h	Écouter la télévision					Sortir avec des amis	
22 h							
23 h	Dormir						
12 h							
1 h							
2 h							
3 h							
4 h							

Est-ce que cela ressemble à vos semaines? Est-ce similaire à votre agenda? Essayons de le savoir. Prenez un moment pour remplir le tableau suivant avec les principales activités d'une de vos semaines typiques. Si les activités du tableau précédent vous conviennent, n'hésitez pas à les utiliser.

UNE SEMAINE TYPIQUE DANS VOTRE VIE

	Lundi	Mardi	Mercredi	Jeudi	Vendredi	Samedi	Dimanche
5 h							
6 h							
7 h							
8 h							
9 h							
10 h							
11 h							
12 h							
13 h							
14 h							
15 h							
16 h							
17 h							
18 h							
19 h							
20 h							
21 h							
22 h							
23 h							
12 h							
1 h							
2 h							
3 h							
4 h							

Maintenant, trouvons pourquoi vous n'êtes pas encore riche et heureux. Indiquez ici vos huit valeurs principales et vos huit antivaleurs identifiées précédemment.

Valeur	Antivaleur

Ensuite, encerclez dans l'agenda de votre semaine typique toutes les activités qui sont parfaitement alignées sur vos valeurs. En d'autres mots, encerclez les activités qui vous éloignent de vos antivaleurs.

Contrairement à la moyenne des gens, ceux qui sont riches et heureux se retrouvent avec un agenda rempli de cercles lorsqu'ils font cet exercice, ce qui signifie qu'ils font ce qu'ils veulent, quand ils le veulent.

Dorénavant, il est temps pour vous d'en faire autant.

Pour y arriver, je vous propose l'un de mes exercices préférés. Pensez à vos valeurs comme si c'étaient des rivières. Pas n'importe lesquelles, mais les plus merveilleuses et parfaites rivières que vous pouvez imaginer. Le genre de rivières sur lesquelles vous désirez passer du temps au cours de votre vie.

Le long de ces rivières, en parfaite harmonie, se trouvent des ports que vous souhaitez visiter. Ces ports sont vos cinq grands rêves de vie. Ils représentent ce que vous voulez voir, faire et vivre durant votre vie. Donc, ce ne sont pas des ports quelconques. Ce sont les cinq choses que vous souhaitez le plus faire, voir et vivre avant de mourir. Elles sont tellement importantes pour vous que lorsque vous comblerez ces cinq grands rêves de vie, vous sentirez que votre vie est riche et heureuse. Votre vie sera alors un succès, selon vos propres critères pour définir une vie réussie. Si votre vie devait finir là, vous seriez satisfait. Non pas que vous souhaitiez mourir ni que vous mourrez, mais si cela devait arriver après avoir comblé vos cinq grands rêves, vous auriez l'impression d'avoir vraiment vécu une vie riche et heureuse.

Laissez-moi vous donner un exemple. Supposons que l'aventure soit l'une de vos valeurs. Lorsque vous vous trouvez sur la « rivière des aventures », quelles aventures spécifiques souhaiteriez-vous faire, voir ou vivre dans votre vie ? Peut-être est-ce escalader les sept sommets, étudier à l'étranger durant une année, organiser une collecte de fonds d'un million de dollars pour une œuvre de charité, être un parent fantastique.

Les gens riches et heureux passent la majeure partie de leur temps à naviguer sur la rivière de leurs valeurs et à jeter l'ancre dans les extraordinaires ports de leurs grands rêves de vie.

En fait, ils ne voient pas l'utilité de dépenser leur temps, leurs énergies et leurs ressources à autre chose. Ce serait une terrible perte de faire, de voir ou de vivre des choses qu'ils ne veulent pas. Et lorsqu'ils ont terminé de faire, de voir ou de vivre des choses à un port, ils en choisissent un autre et y passent du temps.

Tout comme pour vos valeurs réelles, votre subconscient est bien au courant de vos cinq grands rêves de vie. Il faut simplement les ramener à votre esprit conscient. Une bonne façon de le faire est de commencer avec quelque chose que vous connaissez déjà et que vous pouvez gérer sur le plan conscient. Puis, poursuivez avec les rêves que vous ne connaissez pas encore, mais qui sont logés dans votre subconscient.

Je vous propose un exercice en ce sens qui a aidé des milliers de personnes dans plus de cinquante pays à travers le monde à découvrir leurs cinq grands rêves de vie. Bien que cet exercice puisse se faire seul, il donne de meilleurs résultats si vous le faites avec une autre personne.

Voici les étapes (pour ceux qui maîtrisent l'anglais, vous pouvez visionner la vidéo explicative au *www.howtoberichandhappy.com/ videotutorials*) :

1. Écrivez vos films préférés de tous les temps. Ne réfléchissez pas trop. Posez-vous la question suivante : « Quels sont mes trois films préférés ? » et écrivez ce qui vous vient à l'esprit.

2. Pour chaque film, posez-vous la question suivante : « Qu'est-ce qui fait que j'aime autant ce film ? » et écrivez tout ce qui vous vient à l'esprit. Ne vous souciez pas de la grammaire ou de la structure de vos phrases. Écrivez simplement ce que votre esprit répond à la question. Vous avez peut-être aimé les personnages du film, le type de film, ou encore vous l'avez aimé parce que vous l'avez vu avec un bon ami. Peut-être aussi que ce film vous inspire une émotion, vous effraie ou vous fait rire. Peut-être que l'histoire du film correspond à ce que vous voudriez vivre ou elle vous permet de vous évader de votre vie pour un temps ; peu importe, les raisons possibles sont infinies.

3. NE POURSUIVEZ PAS LA LECTURE SI VOUS N'AVEZ PAS COMPLÉTÉ LES ÉTAPES 1 ET 2. Sérieusement, poursuivez-vous votre lecture sans avoir rempli les deux premières étapes ? Si oui, recommencez. Croyez-moi, les résultats seront nettement meilleurs.

4. Après les étapes 1 et 2, voici ce que vous devez faire. Vous devez partager votre liste de films préférés avec votre partenaire et lui expliquer verbalement pourquoi il s'agit de vos films préférés. Vous pouvez vous servir des notes que vous avez prises et ajouter des informations si vous le souhaitez. Votre partenaire a deux rôles. L'un est de vous écouter et de déceler des indices à travers vos réponses et l'autre est de vous poser les bonnes questions. Il doit prendre des notes sur ce que vous dites et chaque fois qu'un thème ou un mot revient, il doit le noter. Une façon simple et rapide de le faire est la suivante : si votre partenaire entend le mot *aventure*, il l'inscrit. S'il entend de nouveau le mot *aventure*, il encercle celui qu'il avait déjà écrit. S'il l'entend encore, il l'encercle une fois de plus.

Dans son rôle d'interrogateur, le partenaire peut vous poser des questions pertinentes : « Comment te sens-tu par rapport à cela ? », « pourquoi aimes-tu autant ce film ou ce thème ? », « où as-tu vu ce film ? ». Cependant, il ne doit pas utiliser le mot *je*. Le but de l'exercice est de vous aider à puiser dans votre subconscient. Si vous dites aimer le film en particulier et que votre partenaire enchaîne avec ses propres impressions : « Ah ! oui, j'aime aussi ce film, je l'ai vu avec un ami », alors vous ne serez plus à l'écoute des informations de votre subconscient.

5. Après avoir échangé avec votre partenaire concernant vos films préférés et parlé des raisons pour lesquelles vous les aimez et après avoir répondu à ces questions, votre partenaire doit discuter avec vous de tout ce qu'il a noté et appris de vos réponses. Par exemple, quels sont les thèmes qui reviennent ? Quels mots avez-vous souvent répétés ? Qu'est-ce que vos films ont en commun ? Sont-ils du même genre, de la même époque ou se déroulent-ils dans le même environnement ? Ces indices vous mettront sur la piste de vos cinq grands rêves de vie.

Écoutez attentivement ce que vous raconte votre partenaire. Repensez aux indices et notez-les. Parfois, ces indices font surgir du subconscient précisément l'un de vos cinq grands rêves de vie, par exemple faire de la plongée près de la Grande Barrière de corail. D'autres fois, les indices vous donnent une direction vers laquelle chercher, comme « faire une activité sous-marine ». Dans un cas comme dans l'autre, c'est bien. Si les indices sont plus liés à une direction qu'à une autre, alors réfléchissez à une façon qui vous plairait de combler ce désir et voyez ce qui vous vient à l'esprit.

Voici un autre exercice pour vous aider à identifier ce que vous souhaitez faire, voir ou vivre durant votre vie riche et heureuse.

Imaginez que vous rencontrez l'un de vos bons amis pour un *lunch* au restaurant. Cet ami revient tout juste d'un séjour d'un an à l'étranger. Pendant son absence, vous avez vécu votre première année complète de personne riche et heureuse. Vous arrivez le premier au restaurant et en attendant votre ami, vous visionnez les photos que vous avez hâte de lui montrer. En revoyant ces photos prises tout au long de votre dernière année, vous ne pouvez pas vous empêcher de sourire. Ce fut une année fantastique, la meilleure de votre vie. Avant cette année-là, jamais vous n'auriez pensé que la vie pouvait être aussi formidable.

Regardez attentivement les photos. Que voyez-vous ? Qui est sur les photos ? Où ont-elles été prises ? Si vous y apparaissez, qu'y faites-vous ?

Je veux que vous fermiez les yeux et que vous laissiez les images poindre dans votre esprit. Vous venez tout juste de vivre riche et heureux pendant une année entière. Vous avez fait ce que vous vouliez, quand vous le vouliez. Dans ces images, où êtes-vous ? Que faites-vous ? Avec qui êtes-vous ? Fermez les yeux et laissez les images apparaître sur l'écran de votre esprit. Prenez le temps de toutes les observer. (Pause)

Excellent ! Maintenant, écrivez ce que vous avez vu. Notez, en particulier, les images qui vous semblaient particulièrement fortes. Vous avez alors une bonne idée de ce que sont vos cinq grands rêves de vie et de ce que vous voulez faire durant votre vie riche et heureuse.

_____

_____

_____

_____

_____

_____

_____

_____

_____

_____

_____

_____

_____

_____

_____

_____

Si vous avez toujours de la difficulté à identifier ce que vous voulez faire, recommencez l'exercice et laissez votre subconscient suggérer des réponses à votre esprit conscient. Maintenant, remplissez votre agenda d'une vie riche et heureuse. C'est la nouvelle réalité que vous vous apprêtez à vivre.

VOTRE VIE RICHE ET HEUREUSE

	Lundi	Mardi	Mercredi	Jeudi	Vendredi	Samedi	Dimanche
5 h							
6 h							
7 h							
8 h							
9 h							
10 h							
11 h							
12 h							
13 h							
14 h							
15 h							
16 h							
17 h							
18 h							
19 h							
20 h							
21 h							
22 h							
23 h							
12 h							
1 h							
2 h							
3 h							
4 h							

CHAPITRE 15

Faites moins, obtenez plus

L'une des plus grandes erreurs des gens qui souhaitent être riches et heureux, mais qui n'y arrivent pas, est de croire qu'ils doivent faire plus de choses. La vérité est en fait très différente.

Les gens riches et heureux savent qu'ils n'ont pas à faire plus de choses ou à travailler plus. Au contraire, il s'agit d'en faire moins et de se concentrer sur les activités qui comptent vraiment.

Parce que les gens sont si occupés à « faire », l'idée de trouver ne serait-ce qu'une heure par jour pour progresser vers une vie riche et heureuse leur semble impossible. Ils n'ont pas une heure de disponible. Leur vie est occupée au maximum. Bien sûr, c'est une partie du problème.

Je suis toujours étonné du nombre de personnes qui me disent vouloir être riches et heureuses, mais qui ajoutent qu'elles s'y attarderont lorsqu'elles auront du temps.

J'ai parfois l'impression qu'elles croient que le temps libre leur arrivera dans une belle boîte cadeau. Comme si elles pensaient qu'un jour, on sonnerait à la porte et qu'en ouvrant, elles découvriraient un colis rempli de temps: « Regarde chéri, je vais enfin pouvoir commencer à faire ce que je veux. »

En attendant de recevoir leur boîte de temps libre, elles dépensent leur temps et leurs énergies à des choses qui ne les conduisent pas à être riches et heureuses. Et lorsque des occasions se présentent pour avancer vers ce qu'elles souhaitent, elles ne sont pas aptes à les saisir sur le plan des émotions et de l'énergie.

Retournez au premier agenda que vous avez rempli au chapitre précédent. Quelles sont les trois activités les plus importantes dans l'utilisation de votre temps ? Travailler, dormir et quoi d'autre ? Est-ce que les heures et les minutes passées à ces trois activités en sont des riches et heureuses ?

L'un des grands secrets que les gens riches et heureux connaissent est que la meilleure occasion de vivre riche et heureux réside dans le travail. En d'autres mots, ils sont payés pour faire ce qu'ils veulent, quand ils le veulent.

Si vous ne vivez pas de cette façon, alors de grands morceaux de votre temps sont perdus à jamais dans des activités qui ne procurent pas du temps riche et heureux. C'est déjà un problème en lui-même, mais il y a pire.

Plus les gens passent du temps à faire ce qu'ils ne voudraient pas faire, plus ils rentrent à la maison vidés sur le plan émotionnel. Il leur faut des heures pour se relever du divan et, dans certains cas, ils y passent la soirée entière. Ils ressentent le besoin de s'asseoir et de ne rien faire afin de recharger l'énergie qu'ils ont gaspillée toute la journée.

Dans un tel scénario, non seulement les heures au travail sont perdues, mais celles qui suivent le sont également. Et les gens vont au lit pour dormir, mais ce n'est pas un bon sommeil. Ils bougent et tournent parce qu'ils savent que, dans quelques heures, ils devront retourner au travail. Et pour y faire quoi ? Eh oui, un boulot qui n'est pas aligné sur leur vie riche et heureuse. Ils savent bien que cela les stressera de nouveau, que cela les épuisera sur le plan émotionnel et qu'ensuite, ils auront besoin de quelques heures sur le divan pour récupérer jusqu'à la prochaine journée.

Et quand la fin de semaine arrive finalement, ils sont ou trop épuisés de leur semaine pour faire quoi que ce soit ou ils essaient de faire plein de trucs pour oublier leur semaine de travail, comme boire autant d'alcool qu'ils le peuvent pour se changer les idées.

Cela a également un effet négatif, car ils rentrent au boulot sans être vraiment prêts à reprendre du collier. Quel étrange cycle, non?

Les gens riches et heureux ont trouvé une façon de se sortir de ce cycle.

Ils travaillent, mais ils s'assurent de faire un boulot qui leur permet d'emmagasiner du temps en accord avec leur vie riche et heureuse.

Puisque leur boulot a un sens pour eux, ils sont beaucoup plus productifs que la majorité des gens. La plupart des gens offrent une efficacité de 50 à 60 % lorsqu'ils effectuent un emploi qui ne leur permet pas de vivre comme des personnes riches et heureuses. Ce qui revient à dire qu'il leur faut pratiquement deux fois plus de temps pour accomplir leurs tâches.

Les gens riches et heureux, quant à eux, peuvent accomplir deux fois plus de boulot durant la même période de temps, ce qui veut dire qu'ils font moins, mais obtiennent plus.

Si vous souhaitez être riche et heureux, mais que votre boulot ne vous permet pas de vivre des heures en harmonie avec votre vision, un changement s'impose. Rappelez-vous que si vous n'apportez pas de changement, rien ne changera. Si vous continuez à faire ce que vous faites actuellement, vous obtiendrez les même résultats qu'actuellement et ceux que vous avez toujours obtenus.

La bonne nouvelle est qu'il est relativement facile d'apporter un changement. Dans un prochain chapitre sur la matrice riche et heureuse, vous trouverez des informations pour vous aider à le faire.

CHAPITRE 16

Plaisir ou souffrance ?

I l y a deux motivations principales dans le comportement humain. La première est la poursuite du plaisir. La seconde est l'élimination et l'évitement de la souffrance.

Repensez à l'exercice où vous visionniez des images de votre première année en tant que personne riche et heureuse. Revoyez ce qui apparaissait sur ces images. Comment vous sentez-vous en vous les rappelant ?

Prenez un instant pour ressentir l'état élevé dans lequel vous baignez en vous rappelant ces images. Sentez l'énergie vous envahir. Voilà le plaisir. Si vous appliquez la formule pour être riche et heureux, ces images et ce plaisir deviendront votre réalité.

Parlons maintenant de la souffrance.

Une fois de plus, revoyez les images contenues dans votre appareil-photo, mais cette fois, vous devez effacer chaque image qui apparaît. Comment vous sentez-vous en effaçant une par une les images de votre vie riche et heureuse et en constatant du coup que ces instants de bonheur ne seront jamais vôtres : vous ne visiterez jamais ces endroits fabuleux, vous ne passerez jamais ces moments agréables avec des gens formidables, vous ne vivrez jamais toutes ces expériences inoubliables. Chaque fois que vous effacez une image, votre vie riche et heureuse s'éloigne de vous. Pas seulement pour un moment, mais pour toujours. Les sentiments de désolation, de perte et de tristesse que cela susciterait en vous sont la souffrance.

Si vous choisissez de ne pas de mettre en pratique la formule pour être riche et heureux et qu'ainsi vous ne créez pas cette vie rêvée, alors cette souffrance sera votre réalité.

En art, on utilise le terme *muse*. Une muse peut être une personne, un objet ou même une chanson. C'est une source d'inspiration pour les artistes pour qu'ils réussissent au maximum de leur potentiel. Leur muse les motive à passer à l'action.

Pour certaines personnes riches et heureuses, c'est l'image d'elles-mêmes, accomplissant leurs cinq grands rêves de vie, qui leur sert de muse. Elles sont motivées par la poursuite du plaisir.

Pour d'autres, c'est la vision d'eux-mêmes n'accomplissant pas leurs cinq grands rêves de vie et n'ayant pas, par conséquent, la vie de rêve qu'ils méritent, qui leur sert de muse. Ils sont inspirés à passer à l'action. Ils sont motivés par l'évitement et l'élimination de la souffrance.

Trouvez votre muse et utilisez-la.

Laissez-moi vous raconter une histoire dans laquelle un jeune homme a été inspiré par la compréhension de sa source de motivation. Cette histoire s'est déroulée il y a presque soixante-dix ans et, malheureusement, le nom du jeune homme a été perdu avec le temps. Cela dit, le message a survécu au temps, et pour les besoins de l'histoire, le jeune homme s'appellera Teddy :

L'entraîneur de l'équipe de football de Georgetown, Lou Little, se tenait sur la ligne de côté, secouant la tête en signe de découragement alors qu'il regardait ses joueurs s'entraîner. C'était un lundi matin, et pour tout dire, plusieurs des joueurs menaient les choses un peu trop à la légère. Le coach *siffla et invita tous les joueurs au centre du terrain pour leur signifier son mécontentement.*

Après quelques mots sur l'engagement et le désir de réussir, il se tourna et pointa un jeune homme qui se tenait un peu à l'écart des autres: «Prenez exemple sur Teddy, dit-il. Il fait partie de notre équipe depuis quatre ans et il n'a jamais joué un seul essai. Pourtant, il est le premier arrivé aux entraînements et le dernier à quitter le terrain. Ses résultats scolaires sont très bons, il travaille durant ses temps libres et il ne se plaint jamais s'il ne commence pas une partie. C'est cette attitude que j'attends de vous, les gars. »

Georgetown avait eu, cette année-là, les meilleurs résultats au football de toute l'histoire de l'université. L'équipe s'était qualifiée pour la partie ultime, celle qui couronnerait les champions de la saison. Cette partie allait être la plus importante de toute l'histoire de l'école et l'excitation était à son comble.

Quelques jours avant la partie, soit ce lundi-là, le coach *Little reçut la triste nouvelle que le père de Teddy était décédé et il devait l'annoncer à Teddy.*

Après l'entraînement, le coach *s'approcha de Teddy et lui annonça le décès de son père et la tenue du service funèbre le samedi suivant, soit le jour de la partie décisive. Teddy avisa son* coach *qu'il devait aller aux funérailles de son père et s'excusa de devoir rater la partie de championnat. Le* coach *lui accorda évidemment cette permission et lui dit du coup que, s'il pouvait faire quoi que ce soit, Teddy ne devait pas hésiter à lui demander.*

Le matin de la partie décisive, le coach *revoyait ses stratégies dans son bureau lorsque Teddy fit irruption :*

« Teddy ? Que fais-tu ici ? Je te croyais aux funérailles de ton père ! C'était bien aujourd'hui, non ?

– Oui, coach, mais j'ai ressenti que ma place était ici. Cette équipe a été ma famille au cours des quatre dernières années et je sais que mon père aurait voulu que je sois ici.

– Eh bien, d'accord, si tu es sûr de ta décision. Évidemment, je suis heureux de t'avoir avec nous.

– Coach, est-ce que je peux vous demander une faveur ?

– Certainement.

– Coach, je veux commencer la partie aujourd'hui.

– Hum ! je sais que je t'ai dit que si tu avais besoin de quoi que ce soit de me le demander, mais cela, je n'en suis pas sûr... C'est la plus importante partie de toute l'histoire de notre école.

– Si vous me faites jouer, coach, je vous promets qu'à la première erreur, au premier ballon échappé, j'accepterai d'être retiré du terrain. »

Le coach resta hésitant, mais dans les yeux de Teddy, il pouvait voir que le jeune homme ne le laisserait pas tomber :

« Eh bien, je crois que je peux t'insérer dans la formation de départ, mais une erreur et je te retire du terrain, d'accord ?

– C'est d'accord, coach. »

Teddy partit, laissant le coach un peu médusé.

Teddy ne laissa pas tomber le coach Little. Ce jour-là, celui que l'on n'utilisait jamais réussit quinze plaquages et participa à onze autres, il causa une perte de ballon chez l'adversaire en plus de recouvrer une échappée et d'intercepter une passe, ce qui mena directement son équipe à inscrire le touché victorieux. Ce jour-là, Georgetown remporta le championnat de l'État. Teddy fut nommé le joueur de la partie. Ce jour-là, il offrit une performance dont les gens parlent encore soixante-dix ans plus tard.

Après la partie, le coach courut sur le terrain et enlaça Teddy : « Teddy, tu as été extraordinaire. Je ne savais pas que tu avais un tel potentiel en toi. Où as-tu été puiser une telle énergie ? »

Teddy regarda le coach avec des larmes dans les yeux. « Coach, avez-vous déjà rencontré mon père ?

– Non, jamais. Je vous ai vu parfois marcher autour du terrain bras dessus, bras dessous et je regrette de ne pas avoir pris le temps de saluer ton père.

– Mon père était aveugle, coach. Aujourd'hui, c'était la première fois qu'il pouvait me voir jouer au football. »

Lorsque vous savez ce que vous voulez et que vous avez la volonté de l'accomplir, une motivation et un éveil naissent en vous.

CHAPITRE 17

Écrivez-le

Qu'avez-vous écrit lors de l'exercice des images de votre première année riche et heureuse? Est-ce que vous cheminez actuellement vers ce type de vie ou si vous croyez que c'est impossible? Est-ce que les efforts pour y parvenir en valent la peine? J'espère que vous pensez que oui, car mettre les efforts nécessaires fait partie de la formule pour être riche et heureux.

Permettez-moi de vous confier l'une de mes images, car elle me servira ensuite d'exemple pour expliquer une partie du processus pour combler vos cinq grands rêves de vie et vivre votre vie de rêve.

Mon but est d'inspirer plus d'un million de personnes à transformer positivement leur situation actuelle et à vivre une vie riche et heureuse.

Pour y arriver, je vais inspirer un million de personnes au cours des 24 prochains mois à acheter le présent ouvrage, à le lire et à commencer à mettre en pratique les idées qu'il propose. Le livre atteindra la tête du palmarès des meilleurs vendeurs selon le *New York Times* et j'accorderai une entrevue sur la chaîne de télévision d'Oprah pour y partager les idées de *Riche et heureux* avec les millions de téléspectateurs.

Avez-vous une idée du nombre de nouveaux livres qui atteignent des chiffres de ventes de plus d'un million d'exemplaires? Peu, très peu. Et si vous ne considérez que le secteur du développement personnel, c'est encore moins évidemment. Selon moi, il ne doit pas y en avoir beaucoup plus que vingt.

Donc, c'est un objectif audacieux.

Comme le démontrent les nombreuses histoires dans ce livre, aucun objectif n'est trop audacieux lorsque vous utilisez la formule pour être riche et heureux.

Revenons au processus. Plusieurs étapes le composent. Il n'est pas obligatoire de suivre ces étapes dans l'ordre où je vous les explique. Cependant, il est primordial de toutes les traverser pour optimiser vos chances de réussite :

1. Écrivez vos buts.

Les gens riches et heureux écrivent leurs buts. Vous vous demandez peut-être pourquoi il est si important d'écrire vos buts puisque vous les connaissez déjà. En fait, il y a plusieurs raisons.

Si vous suivez un cours sans prendre de notes, il est probable que vous ne retiendrez qu'une partie de l'information transmise. Toutefois, lors d'un cours subséquent, si vous avez pris des notes auparavant, vous constaterez que vous retiendrez l'information de ce cours plus facilement, sans jamais consulter les notes du cours précédent. Cela s'explique notamment par le fait que, lorsque vous écrivez, vous faites appel à une partie du cerveau différente de celle qui est sollicitée lorsque vous écoutez. En d'autres mots, vous doublez votre capacité d'absorption des informations, donc vos chances de vous rappeler ces informations plus tard.

De plus, certaines personnes sont auditives alors que d'autres sont visuelles (voir les mots écrits améliore leur assimilation de l'information) dans leur façon de se souvenir des choses. Si vous avez assimilé l'information au moyen de votre système le plus faible, vous aurez plus de difficultés à vous en souvenir.

C'est la raison pour laquelle les cartes routières ou géographiques sont des outils utiles aux personnes visuelles. Il leur est plus facile de retenir l'information vue sur la carte qu'un ensemble de textes. C'est aussi la raison pour laquelle il serait préférable de fournir aux enfants auditifs des livres audio plutôt que des textes écrits.

Le fait d'écrire vos buts, ou si vous préférez, d'en faire le tracé pour vous y rendre, vous permet de les voir vraiment en face. Nous sommes constamment bombardés de toutes sortes d'informations et notre esprit vagabonde souvent. Notre subconscient doit allouer des parcelles de sa puissance à gérer tout ce qui pénètre notre esprit.

Lorsque nous écrivons nos buts, nous démontrons leur importance à notre subconscient qui concentre alors sa puissance sur eux.

Une partie de cette puissance servira à démarrer un mouvement de construction de ce que j'appelle un pont. Lorsque vous écrivez l'état que vous voulez atteindre, vous sonnez une cloche qui avise le subconscient qu'un fossé existe entre votre état actuel et l'état désiré. Votre esprit conscient ne sait pas comment combler ce fossé. S'il le savait, le fossé n'existerait pas et vous vivriez immédiatement l'état désiré.

Lorsque la cloche d'alarme a résonné, le subconscient commence immédiatement à faire des connexions pour bâtir un pont au-dessus du fossé. Cela peut se manifester de différentes façons, comme de soudaines inspirations qui vous viennent à l'esprit. Vous pouvez vous sentir attiré vers un livre en particulier qui traîne dans votre bibliothèque depuis longtemps. Ou bien vous pouvez faire l'expérience de l'une des plus puissantes manifestations du subconscient: l'émergence du « Qui » parfait!

Un Qui est l'antidote à ce que j'appelle la maladie du comment. Les gens riches et heureux sont des « maîtres du Qui » qui évitent les comment. La maladie du comment frappe la majorité des gens lorsqu'ils découvrent le fossé entre ce qu'ils sont et ce qu'ils veulent être. Ils regardent le fossé et se demandent comment ils vont le traverser.

Votre subconscient peut vous aider à solutionner le comment, mais comme il ne peut pas communiquer avec des mots écrits ou des paroles, le processus est lent, pénible et épuisant, à tel point que les gens abandonnent souvent avant d'avoir solutionné les détails du comment. De plus, très souvent, les gens ne reconnaissent pas l'information que leur subconscient tente de leur fournir.

Le subconscient sait très bien tout cela. Alors, aussi étonnant que cela puisse paraître, il attirera le parfait Qui dans votre vie – une personne réelle, un site Web, un livre, une émission de télé ou autre – qui pourra vous communiquer de l'information par la parole ou les écrits.

Des gens riches et heureux de toutes les sphères de la vie et ayant des buts variés, en ont tous fait l'expérience. Par exemple, lorsque j'ai décidé de déménager aux États-Unis et que j'ai commencé à dresser un plan d'action, je fus étonné du nombre de gens que je me suis mis à croiser et qui m'offraient une aide quelconque.

Ces gens étaient déjà là auparavant, mais, maintenant, mon subconscient était à leur recherche. Vous vous souvenez de l'effet de « cocktail party » que nous avons vu auparavant ? C'est un peu le même principe ici. Vous avez confié à votre subconscient la mission de trouver les Qui susceptibles de vous aider.

Plus vous allez accroître la communication avec votre subconscient, plus vous serez en mesure de saisir les informations qu'il vous envoie.

Plusieurs exemples le démontrent. Le Dr Frederick Banting découvrit l'insuline grâce à une vision d'un de ses rêves. Il sauva ainsi la vie de millions de diabétiques. Elias Howe inventa la machine à coudre après avoir vu l'image d'une tribu primitive dont les lances avaient des trous à l'embout. Jusque-là, Howe avait tenté en vain un système avec un trou au milieu ou sur le dessus de l'aiguille. Puis, il y a l'histoire de Friedrich A. Kekule :

Kekule tentait de déterminer la structure d'une molécule de benzène. Au milieu de ses travaux, il se mit à avoir, en plein jour, des visions d'atomes dansant dans son esprit, formant toutes sortes de structures. Quelques-uns des atomes se placèrent en rang, comme des serpents. Puis, l'un des serpents saisit sa propre queue et se mit à danser et à tournoyer en cercle.

Selon les paroles de Kekule, cet «éclair d'inspiration» mena à la découverte d'un anneau fermé et formé de six atomes d'hydrogène liés aux atomes de carbone. Bien que cela ne dise rien aux non-scientifiques, cette découverte révolutionna le monde de la chimie organique et eut un impact dans des domaines comme la médecine, la fertilisation organique et les carburants liquides.

Vous avez aussi cette puissance à votre portée. Les gens riches et heureux s'en servent déjà. L'outil est là, il ne tient qu'à vous de l'utiliser.

2. Affirmez.

Lorsque vous écrivez vos buts, votre énoncé doit respecter les trois P : personnel, présent et positif.

Le premier P concerne l'aspect personnel. L'affirmation doit être personnelle, elle doit concerner votre but qui ne peut être atteint que par vous. En d'autres mots, vous ne pouvez pas avoir un but pour votre meilleur ami. Vous ne pouvez pas affirmer qu'il gagnera à la loterie et qu'il partagera le gain avec vous. Le but doit également être quelque chose que VOUS souhaitez. N'ayez jamais, au grand jamais, un but que les autres voudraient vous voir réaliser. Votre subconscient ressentira l'inconfort et votre expérience pourrait être pénible et lente.

«Je ne connais pas la clé du succès, mais la clé de l'échec est d'essayer de plaire à tout le monde.»
— Bill Cosby

Plusieurs de mes clients détestent leur emploi. Vous seriez étonné de constater combien de personnes font un travail quelconque parce que leurs parents voulaient qu'il en soit ainsi. D'autres ont commencé une carrière en croyant que c'était ce que leurs parents souhaitaient pour eux, pour découvrir plus tard que leurs parents se préoccupaient peu de leur choix, pourvu qu'ils soient heureux. Apprenez de ces exemples. Établissez votre propre but.

Le second P concerne le présent. Votre but doit être écrit comme s'il était déjà atteint ou réel. Par exemple, dans mon cas, je dois inscrire : « Je suis un auteur de livres à succès qui a vendu un million d'exemplaires de *Riche et heureux* et qui a passé sur la chaîne de télévision d'Oprah. »

Le dernier P concerne le « positif ». Votre affirmation doit décrire ce que vous voulez réussir, et non ce que vous souhaitez éviter. « Je ne veux pas vivre sur le seuil de pauvreté » est une affirmation inefficace. Par contre, « je suis riche et heureux » est une affirmation efficace.

Votre subconscient est prêt à bâtir des ponts au-dessus de vos fossés. Si vous affirmez : « J'ai un poids santé et un corps dont même Apollon serait jaloux », mais que vous ressemblez plutôt à l'adolescent gras-souillet qui travaille au restaurant de hamburgers du coin, votre sub-conscient se dira : « Ah, non ! J'ai un travail considérable à faire. Je ferais bien d'envoyer le message de laisser de côté ce treizième beignet. »

Si le fossé entre votre situation actuelle et celle que vous désirez est trop important, vous risquez de vous sentir ridicule en l'affirmant. Affirmez-le tout de même. La vie riche et heureuse se trouve de l'autre côté de cette impression de ridicule. La première fois, vous vous sentirez peut-être gêné, mal à l'aise. La troisième, la quatrième et la dixième fois, cette impression s'estompera.

Rappelez-vous la déclaration de Branson vue auparavant. Permettez-moi de vous rafraîchir la mémoire : « Il y a certaines choses pour lesquelles je trouvais que j'avais été trop loin. Cependant, si cela ne vous dérange pas de faire un fou de vous-même et de faire sourire les gens – pourvu que ce soit avec le sens de l'humour –, vous pouvez vous le permettre. »

Un autre truc est d'ajouter les mots *ou mieux* ou *ou plus* à votre affir-mation : « Je suis un auteur de livres à succès qui a vendu un million d'exemplaires **ou plus** de *Riche et heureux* et qui est passé sur la chaîne de télévision d'Oprah. »

Si vous voulez propulser vos progrès dans la construction des ponts au-dessus des fossés, lorsque vous avez établi vos buts et vos affirmations, partagez-les avec tous ceux que vous connaissez. Partagez-les en ligne, inscrivez-les dans les endroits que vous fréquentez ou dans lesquels vous passez du temps, créez des cartes de « vie riche et heureuse » qui ressemblent à des cartes professionnelles, mais sur lesquelles vos cinq grands rêves de vie sont indiqués.

Soyez conscient, cependant, que si vos buts sont élevés, vous risquez d'être ridiculisé par quelques personnes, incluant vos amis et votre famille. Ne laissez pas leurs commentaires vous démotiver. Utilisez-les plutôt comme des validations futures, comme une inspiration supplémentaire pour combler le fossé entre votre situation et celle à laquelle vous aspirez et que vous méritez.

Si, au fond de vous-même, vous savez que les moqueries des autres vous démotivent, alors il est préférable de rester discret quant à vos buts et de ne dire que le strict minimum, au moins au début. Ne les partagez qu'avec des gens qui participeront assurément à votre inspiration. Lorsque vous gagnerez en confiance et que vous obtiendrez des résultats, vous pourrez les partager avec plus de gens.

Lisez vos objectifs plusieurs fois par jour.

Lisez-les lorsque vous patientez au téléphone, lorsque vous attendez que votre ordinateur démarre, lorsque vous attendez à un feu de circulation. Plus vous les lirez, plus ils deviendront réels et plus votre subconscient s'efforcera de bâtir les ponts au-dessus des fossés.

Dès le lever, au matin, et tout juste avant d'aller au lit, le soir, portez-leur attention. Assoyez-vous confortablement dans un lieu calme et prenez plusieurs respirations profondes. Assurez-vous d'expirer deux fois plus longtemps que vous n'inspirez. Permettez-vous de relaxer et lorsque vous êtes bien détendu, imaginez-vous en train de vivre déjà votre vie riche et heureuse. Voyez les images de vous accomplissant ce que vous voulez quand vous le voulez. Imaginez les sons, ressentez les émotions et les sensations physiques liées à ces images. Si vous êtes sur la plage, ressentez le contact du sable sous vos pieds ; respirez l'air salin, sentez comme votre corps est détendu. Permettez aux sensations de devenir réelles, toujours plus réelles. Sachez que vous pouvez vivre ces expériences et ressentir ces impressions si vous le voulez vraiment.

Restez ainsi un moment, à vous observer vous-même, ou encore mieux si vous le pouvez, transposez-vous dans vos images et regarder à travers vos propres yeux. Voyez comme la vie est formidable. Vous pouvez aussi agrandir les images ou les rendre plus lumineuses, si cela vous interpelle encore plus.

Lorsque vous êtes bien au cœur de cette expérience, imaginez qu'un ballon gonflé apparaît devant vous sur lequel il est inscrit « obstacles ». Visualisez-vous en train de crever ce ballon sans effort. Voyez-vous confiant, bien dans votre peau, jouissant de votre vie riche et heureuse et éliminant tous les obstacles avec aisance.

Demeurez dans cet état le plus longtemps possible. Lorsque vous désirez mettre fin à cette visualisation, prenez simplement trois profondes respirations, levez-vous et secouez légèrement les bras.

Cette visualisation est très puissante. Plus vous la pratiquerez, non seulement cela appuiera votre subconscient dans sa mission de construire vos ponts, mais plus vous renforcerez dans votre esprit l'image de votre avenir.

3.   Faites quelque chose, peu importe ce que c'est !

Le *momentum* est une clé pour être riche et heureux. Engagez-vous à faire un geste par jour, tous les jours, qui vous fait cheminer vers vos buts, même si ce n'est qu'une action de cinq minutes. Si vous pouvez réserver toujours la même période de temps chaque jour, c'est encore mieux, parce que vous créez alors un rituel qui devient difficile à éviter. Ne sous-estimez jamais la différence que peuvent faire cinq minutes par jour durant un an.

Lorsque vous ignorez quoi faire, faites tout de même quelque chose. Revoyez les images de votre vie riche et heureuse et demandez-vous ce que vous pourriez faire actuellement pour avancer vers cette vie. Puis, soyez à l'écoute des signes que votre subconscient vous envoie. Cela peut être une image, une sensation, une odeur ou un soudain coup de fil du parfait Qui.

Si vous êtes plus motivé par l'élimination de la souffrance que par la recherche du plaisir, lorsque vous n'êtes pas certain de ce que vous devez faire ou que vous êtes trop fatigué pour agir, repassez vos images et demandez-vous : « Est-ce que je veux vraiment renier ces sentiments et ces expériences ? »

4. Divisez vos buts par étapes.

Si vos buts sont imposants et que vous commencez à vous sentir dépassé, utilisez la populaire technique de la division.

Il s'agit de diviser vos buts par étape jusqu'à ce que la première étape qui se présente à vous soit envisageable. En d'autres mots, courir un marathon de cinquante kilomètres peut paraître imposant et intimidant sur la ligne de départ. Faire un pas est cependant facile à faire. Alors, lorsque le signal de départ est donné, au lieu de considérer le marathon dans son entièreté, décidez si vous pouvez faire le premier pas, puis le second, ensuite le troisième. Au bout du compte, vous aurez éventuellement parcouru cinquante kilomètres.

Peu importe votre objectif, lorsque vous l'avez établi, vous ne faites qu'accomplir la première tâche à faire. Et c'est ici que doit se situer votre concentration. En début d'année, les grands entraîneurs établissent l'objectif de gagner le championnat. Puis, ils s'attardent à préparer la première partie de la saison, parce que c'est en gagnant cette partie qu'ils augmentent leurs chances de se rendre au championnat et de le gagner.

Tout en travaillant à rendre réelle votre vie riche et heureuse, prenez du temps régulièrement pour visualiser la vue d'ensemble, mais attardez-vous à accomplir les étapes les unes après les autres.

5. Appréciez et agrémentez le processus autant que le résultat.

La satisfaction de vendre un million de livres ne doit pas commencer au millionième client qui passe à la caisse. Cette transaction ne durera que quelques minutes. Ce ne sera qu'une toute petite portion d'une grande aventure. L'approche riche et heureuse consiste à apprécier tout le parcours pour se rendre jusqu'à cette transaction. Chaque pas sur ce parcours est un accomplissement si vous le considérez comme tel. Si vous le considérez comme une besogne que vous devez endurer jusqu'au millionième exemplaire vendu, alors ce sera une besogne.

Lorsque l'on remet un prix à un acteur pour sa carrière, le plaisir est de considérer tous les rires, les accomplissements, les aventures qui ont mené à cet ultime moment de gloire. C'est la même chose pour les parcours vers un accomplissement riche et heureux.

Si vous tenez une liste de toutes les étapes menant au but, au lieu d'effacer une étape lorsqu'elle est complétée, changez simplement la couleur de la fonte. Par exemple, si la liste est écrite en noir, alors mettez les étapes complétées en vert. De cette façon, chaque fois que vous jetterez un coup d'œil à votre liste, non seulement verrez-vous le but, mais également le chemin parcouru. Cette méthode peut être une bonne source de motivation.

Être plus brillant

Une autre facette de la formule utilisée par les gens qui sont riches et heureux est d'être plus brillants que la moyenne. Pour ce faire, nous devons retenir sept aspects à considérer, en plus des points que nous venons de voir, pour favoriser notre progression vers l'atteinte de n'importe quel but. Pour chacun de ces aspects, je vais vous fournir une brève explication et je vais utiliser mon but comme exemple :

1. Votre but doit être précis.

Que voulez-vous précisément accomplir ? Est-ce qu'un étranger pourrait lire votre but et savoir immédiatement ce que vous voulez réussir ? Si la réponse est non, alors votre énoncé n'est pas suffisamment précis.

Mon but est le suivant: «Je suis un auteur de livres à succès qui a vendu **en moins de 24 mois** un million d'exemplaires de *Riche et heureux* et qui est passé sur la chaîne d'Oprah.»

Est-ce que n'importe qui peut lire mon but et savoir ce que j'essaie d'accomplir? Oui! Mon but est précis et facile à comprendre.

2. Votre but doit être mesurable.

Pouvez-vous mesurer votre progression vers la réalisation de votre but? Dans le cas contraire, trouvez une façon de rendre votre but mesurable. Cela vous permet de suivre votre progression et d'être motivé.

Pour ce qui est de mon but, je sais que si nous vendons cent mille exemplaires, nous sommes à 10% de notre objectif. À cinq cent mille exemplaires, nous sommes à mi-chemin.

3. Votre but doit être orienté vers l'action.

Rester assis confortablement dans votre fauteuil en espérant que le facteur vous remette un chèque d'un million de dollars un bon matin n'est pas un but. C'est un souhait, un espoir. L'accomplissement des buts requiert des actions. Vous devez vous impliquer, vous devez être celui qui agit.

Les livres ne se vendent pas sans effort. Si je veux vendre par moi-même mille exemplaires sur le million visé, je dois faire quelque chose, surtout au début. C'est vrai pour tous les buts.

Est-ce que vos buts riches et heureux requièrent des actions de votre part? Dans le cas contraire, ce ne sont pas des buts, ce sont des souhaits.

4. Votre but doit être réaliste.

C'est un peu paradoxal, car tous les grands accomplissements au cours de l'histoire ont été perçus comme irréalistes lorsqu'ils furent entrepris. La règle d'or est de viser haut et de s'ajuster à la hausse au fil des progrès. Ne commencez pas avec quelque chose qui est complètement au-delà de tout.

Vendre un million d'exemplaires d'un livre est un grand accomplissement. C'est ce que j'appelle viser haut. Vendre un exemplaire à chaque homme, femme et enfant dans le monde d'ici mardi prochain est complètement irréaliste.

5. Votre but doit être limité dans le temps

Mettre une limite de temps pour les buts oblige votre subconscient à travailler autrement que s'il n'y avait aucune limite de temps. Si vous ne mettez aucune limite de temps, les choses ne se feront toujours pas, car il y aura sans cesse quelque chose de plus urgent à faire – même si en général c'est moins important – qui occupera votre esprit.

Si vous vous fixez le but de perdre dix kilogrammes et que vous ne mettez aucune limite de temps, vous n'atteindrez jamais votre objectif, car vous vous êtes donné carte blanche pour commencer votre démarche « un jour ». Établissez un délai pour réaliser vos buts et tenez-vous-y. Si vous ne l'atteignez pas dans ce délai, alors apprenez de votre expérience, corrigez ce qui doit l'être et fixez-vous un nouveau but.

Lorsque vous vous obligez à respecter un délai, vous apprenez que vous pouvez faire beaucoup plus en moins de temps que vous ne l'aviez cru.

Pour ce qui est de mon but, je contrôle la date de sortie du livre. Alors, je sais que je dois faire des actions au cours des 24 mois suivants.

6. Votre but doit être écologique.

Vous devez prendre en considération des facteurs extérieurs lorsque vous définissez vos buts. Quels sont les effets que la poursuite de votre but pourra avoir sur le reste de votre vie, par exemple sur votre santé, votre état d'esprit, vos êtres chers, vos finances ? Est-ce qu'un ou certains de ces aspects pourraient être touchés négativement ?

Pensez-y sérieusement. Il ne s'agit pas de trouver des excuses pour ne rien faire. Il s'agit plutôt de planifier adéquatement. C'est ce que les gens riches et heureux font. Bien sûr, il y aura toujours des aspects qui surviendront en cours de route et que vous ne pourrez prévoir. Mais si vous vous êtes assuré de planifier en harmonie avec le plus d'aspects possibles de votre vie, alors vos chances de réussir seront grandement améliorées.

Dans mon cas, un des problèmes potentiels par rapport à mon but est que je vais devoir passer du temps loin de la maison pour faire la promotion de mon livre. En le sachant, j'ai réservé du temps pour trouver d'autres façons de promouvoir mon livre sans avoir à beaucoup voyager ou pour trouver des façons pour adoucir cet impact négatif sur ma vie personnelle.

7.   Votre but doit entraîner une récompense.

Voyez au-delà des bénéfices évidents à première vue et assurez-vous de vraiment comprendre ce que sa réalisation vous apportera. C'est la véritable récompense, le sens de vos efforts, ce que vous devez avoir constamment en tête pour rester motivé.

Vous pouvez avoir le but de gagner un million de dollars, mais quelle est la véritable récompense derrière ce but? Seul, l'argent est inutile. Alors, qu'est-ce que cet argent vous apportera vraiment? Approfondissez cet aspect et posez-vous la question constamment avant de faire le pas suivant: «Qu'est-ce que cela m'apportera d'autre que l'argent?».

Pour moi, c'est la partie importante dans l'énoncé de mes buts. Pourquoi est-ce que je fais cela? Est-ce pour l'argent? Pour la reconnaissance? Pour les occasions que cela me procurera? Dans mon exemple, ce qui me motive vraiment, c'est la vision de plus d'un million de personnes qui transforment leur existence et vivent dorénavant une vie riche et heureuse. Je les vois rire, s'entraider et se sentir comblées, une vision à l'opposé des émotions ressenties lorsque je me tenais sur l'accotement de l'autoroute devant mon véhicule en feu, juste avant que ne commence ma quête d'une vie riche et heureuse.

Cette récompense est ce qui nourrit ma motivation. Lorsque vous découvrirez votre véritable récompense derrière vos buts, vous aussi vous serez motivé.

CHAPITRE 18

Maximiser votre rendement riche et heureux (RRH)

S tatistiquement, la vie humaine moyenne dure 28 500 jours, ou 684 000 heures et un peu plus de 41 millions de minutes.

Les gens riches et heureux ont appris que, plus ils passent de minutes riches et heureuses, plus ils ont des heures riches et heureuses. Et plus ils passent des heures riches et heureuses, plus ils ont des jours riches et heureux. Les jours deviennent des semaines, puis des mois, puis des années pour finalement donner une vie riche et heureuse.

Donc, si vous avez beaucoup de minutes riches et heureuses, cela se traduira probablement en une vie riche et heureuse.

Il y a deux ressources principales dans votre quête pour être riche et heureux. La première est le temps, la seconde est l'argent. Le temps est une variable fixe. Vous ne vivrez pas dans cette forme physique éternellement et en moyenne, la vie dure 28 500 jours. Vous pouvez en avoir un peu plus ou un peu moins, mais en moyenne, ce sera 28 500.

L'argent est aussi, en quelque sorte, une variable fixe. Vous avez une certaine somme qui entre dans vos coffres et une certaine somme déjà en votre possession. Si vous êtes au début de votre quête pour une vie riche et heureuse, vous échangez probablement une ressource, le temps, contre l'autre, l'argent, avec laquelle vous vous accordez des expériences qui vous procurent des minutes riches et heureuses.

En progressant dans votre quête d'une vie riche et heureuse, vous découvrirez que l'argent n'est pas une variable aussi fixe que vous pouvez le croire. Il est disponible en quantité variable, il peut être gagné, dépensé, gagné, dépensé, et ce, tout au long de votre vie. Et il peut être gagné tandis que vous vivez des minutes riches et heureuses. Devenir à l'aise avec ce concept, en plus de croire que l'argent peut être gagné rapidement et facilement, est l'un des aspects clés de la formule pour être riche et heureux.

Cela dit, comment allez-vous ajuster ces deux variables pour emmagasiner le plus de minutes riches et heureuses ? Comment allez-vous passer le plus de minutes de votre vie à faire ce que vous voulez, et ce, quand vous le voulez ?

Facile ! Il suffit de comprendre et d'utiliser deux outils : le rendement riche et heureux (RRH) et la matrice riche et heureuse. Commençons avec le RRH.

Une fois que le temps est utilisé, il est perdu. Vous ne pouvez pas le rattraper. En étant conscients de cela, les gens riches et heureux savent que plus ils passeront de temps à faire ce qu'ils veulent, plus ils seront riches et heureux. Dans les cas où l'argent est requis pour faire ce qu'ils veulent, ils essaient d'avoir le rendement sur l'investissement maximal.

Au début, vous trouverez que le concept du RRH et les décisions qui y sont associées relèvent de la conscience et de la réflexion. Après tout, au fur et à mesure que vous progresserez dans votre vie riche et heureuse et que les bénéfices que vous en retirerez s'enracineront en vous, vos décisions quant au RRH deviendront plus instinctives, automatiques, presque qu'un clin d'œil. Cela voudra dire que votre subconscient a compris le jeu et qu'il le joue pour vous.

Vous pouvez cligner des yeux consciemment si vous le voulez, mais la plupart du temps, votre subconscient sait quand il faut le faire et il s'en occupe sans que vous ayez à y penser.

Prenons un exemple simple du RRH. Imaginez que vous adorez aller au cinéma. Un soir, vous décidez de vous y rendre. Le billet coûte dix dollars et le film dure deux heures. Que vous ayez vingt millions de dollars en banque, vous donnez dix dollars au caissier pour le même film, le même siège, la même salle.

Ainsi, peu importe votre valeur nette, vous emmagasinez cent vingt minutes riches et heureuses et votre RRH pour ces deux heures se calcule ainsi :

$$\frac{\text{Durée totale}}{\text{Coût total}} = \frac{120 \text{ minutes}}{10\,\$} = \frac{12 \text{ minutes riches et heureuses}}{\text{dollar dépensé}}$$

Votre soirée au cinéma a un RRH de valeur douze, ce qui revient à dire que, pour chaque dollar que vous dépensez, vous recevez douze minutes riches et heureuses. Est-ce bon ? Cela dépend de vous. Auriez-vous pu obtenir un RRH plus élevé, ce qui signifierait que, pour ce même dix dollars, vous auriez eu plus de cent vingt minutes pour faire ce que vous vouliez faire ?

Les gens riches et heureux sont passés maîtres dans l'art d'obtenir des RRH élevés. Ils dépensent leur argent librement, mais sagement. Et ils obtiennent ainsi en échange de nombreuses minutes riches et heureuses.

Prenons un autre exemple. Voici une bonne façon d'obtenir un excellent RRH.

Les hôtels Ritz-Carlton comptent parmi les plus luxueux au monde. Ils ont obtenu des prix d'excellence, comme *Five Diamond Award*, le *Mobil Five-Star Award*, le *Top 100 in the World* et le *Most Prestigious Luxury Brand Award*.

Ils sont littéralement le modèle à suivre dans le domaine de l'hospitalité. Une nuit dans l'un de ces hôtels peut coûter de trois cents à deux mille trois cents dollars pour la suite présidentielle. Sans compter tous les services offerts en extra.

Dans la suite présidentielle, on retrouve un lit magnifique. Il est si confortable que vous avez l'impression de dormir sur un nuage. Aimeriez-vous dormir dans un tel lit? Aimeriez-vous dormir chaque nuit dans le confort de la suite présidentielle d'un hôtel luxueux cinq étoiles? Est-ce que cela peut s'insérer dans votre quête d'une vie riche et heureuse? Si oui, j'ai une bonne nouvelle. Une telle expérience peut être possible à un excellent RRH et voici pourquoi.

En réponse à de nombreuses demandes de leur clientèle, les hôtels Ritz-Carlton ont mis sur pied un catalogue dans lequel vous pouvez vous procurer le même type de lit que ceux dans leurs hôtels. Vous pouvez même vous procurer les draps, la douillette et les taies d'oreillers. Leur catalogue peut être obtenu en téléphonant au 1 800 222–6527. Le matelas et le sommier coûtent ensemble 1 899 dollars. Les draps, en coton égyptien de quatre cents points, coûtent six cents dollars l'ensemble, incluant les taies d'oreiller. La douillette de 400 points également se vend 270 dollars. Les frais d'expédition sont gratuits pour le matelas et le sommier (aux États-Unis) et vingt dollars suffisent pour le reste. Le matelas est garanti pendant dix ans.

Disons que vous achetez le matelas, le sommier et quatre ensembles de draps (qui dureront aussi dix ans environ), calculons votre RRH. Tenons compte que vous dormez huit heures par nuit, 365 nuits par année et durant dix ans, nous obtenons un surprenant RRH de 381.

$$\frac{\text{Durée totale}}{\text{Coût total}} = \frac{1\ 752\ 000 \text{ minutes}}{4\ 589 \$} = \frac{318 \text{ minutes riches et heureuses}}{\text{dollar dépensé}}$$

Ainsi, pour chaque dollar dépensé, vous recevez 381 minutes riches et heureuses.

Vous vous dites peut-être: « Bon, d'accord, le RRH est élevé, mais je dors durant ces minutes. À quoi me sert de dépenser mon argent pour cela? »

Continuez à lire.

Premièrement, vous ne dormez pas durant toutes les minutes passées au lit. Toutes les minutes entre votre réveil et votre lever ainsi qu'entre votre coucher et votre sommeil sont des minutes en éveil passées dans un lit incroyablement confortable sous des draps en coton égyptien de haute qualité. Et croyez-moi, ce sont vraiment des minutes riches et heureuses.

De plus, les bénéfices d'un tel lit se multiplient vraiment durant les heures de sommeil. Les gens riches et heureux ont compris que le sommeil véritable fait partie de la formule. Lorsqu'ils dorment, ils dorment profondément.

Selon les experts en sommeil, les adultes ont besoin de sept à huit heures de sommeil par nuit. En deçà de ce nombre, l'acuité mentale peut en être négativement touchée, tout comme la capacité du système immunitaire à vous protéger. Un manque de sommeil peut même augmenter le risque de développer le diabète ou d'autres maladies.

Selon Carl Hunt, le directeur du *National Center on Sleep Disorders Research*, qui fait partie du *National Institute of Health*, « le sommeil est aussi important pour notre santé globale que l'exercice ou une saine alimentation ».

Alors, non seulement l'ensemble de lit du Ritz-Carlton vous offre huit heures d'un sommeil riche et heureux chaque nuit, mais ces heures de qualité ont un impact positif majeur sur les seize autres heures de la journée.

Il y a plus encore. Aimeriez-vous obtenir un RRH de 716, au lieu de 381, pour ce même confort de sommeil ? C'est ce que les gens riches et heureux obtiennent.

Les gens riches et heureux ne dépensent pas leur argent pour le plaisir de dépenser.

Ce type de comportement est plutôt l'apanage de ceux qui n'ont pas une vie riche et heureuse. Tout revient à une seule question. Quand vous achetez quelque chose, pour qui le faites-vous ? Les gens riches et heureux achètent les choses pour eux-mêmes. Ils ne sentent pas le besoin d'impressionner qui que ce soit. Au contraire, les autres personnes achètent souvent dans le seul but d'impressionner les autres.

Puisque les gens riches et heureux comprennent le concept du RRH, ils cherchent à optimiser l'argent qu'ils dépensent. Ils achètent ce qu'ils veulent vraiment, mais ils ne paient pas plus qu'ils ne le devraient simplement parce qu'ils en ont les moyens.

Cela ne signifie pas qu'ils ne possèdent pas de produits de marque *Ralph Lauren*, qu'ils ne font pas de voyages exotiques ou qu'ils ne vivent dans des endroits merveilleux. Cela signifie que lorsqu'ils achètent, ils le font parce qu'ils veulent l'objet ou le service en question, et non pour prouver à leurs collègues qu'ils y sont « parvenus » ni parce que leur voisin a acheté le même produit auparavant et qu'ils veulent en faire autant ou ni pour toute une myriade de raisons qui n'ont rien à voir avec leur définition d'une vie riche et heureuse.

Dans le cas du lit du Ritz-Carlton, s'ils peuvent se procurer les mêmes éléments à un meilleur prix (donc un meilleur RRH) ailleurs, les gens riches et heureux n'hésiteront pas à le faire, à moins qu'ils tiennent vraiment à acheter par l'entremise du catalogue du Ritz-Carlton. Et il se trouve qu'ils peuvent justement obtenir un RRH pratiquement double.

Au *www.overstock.com*, vous pouvez acheter les mêmes ensembles de draps à 224 dollars au lieu d'à 600 dollars et la même douillette à 129 dollars au lieu d'à 270 dollars. Donc, quatre ensembles de draps et une douillette coûteront 1 045 dollars au lieu de 1 899 dollars.

Le même matelas qu'au Ritz-Carlton peut être acheté au *www. mattress.com* à 1 399 dollars au lieu d'à 1 899 dollars. Lorsque vous additionnez les chiffres, vous découvrez que vous avez coupé vos coûts de presque la moitié, que vous avez presque doublé votre RRH et qu'il vous reste 2 145 dollars à mettre sur d'autres expériences riches et heureuses.

$$\frac{\text{Durée totale}}{\text{Coût total}} = \frac{1\ 752\ 000\ \text{minutes}}{2\ 444\ \$} = \frac{716\ \text{minutes riches et heureuses}}{\text{dollar dépensé}}$$

Et cela vous assure d'être riche et heureux durant le tiers de votre vie (huit heures de sommeil) pour les dix prochaines années. C'est plutôt un bon rendement sur l'investissement!

Ce sur quoi vous dépenserez votre argent – que cela entraîne ou non un bon RRH – dépend bien sûr de votre propre définition d'une vie riche et heureuse, de ce que vous voulez faire.

Un sommeil de la qualité de celui offert au Ritz-Carlton ne vous intéresse peut-être pas. Et c'est correct. Être riche et heureux, c'est faire ce que vous voulez. Comprendre le RRH est un des ingrédients de la formule pour vous aider à y parvenir.

Soyons bien clairs. Même s'ils comprennent et utilisent le concept du RRH, les gens riches et heureux ne sortent pas une calculatrice chaque fois qu'ils dépensent leur argent.

Ils comprennent que l'argent peut être utilisé comme un véhicule pour vivre des minutes riches et heureuses. S'ils n'ont pas une somme d'argent illimitée, ils doivent retirer le plus haut RRH pour chaque dollar dépensé.

La façon dont les gens riches et heureux utilisent leur RRH semble se diviser en trois catégories.

Plusieurs vont appliquer le concept exactement comme je viens de le décrire. D'autres vont privilégier une approche plus générale. Lorsqu'ils prévoient dépenser leur argent, ils procèdent à un rapide exercice mental pour voir si ce qu'ils achètent les aide à réaliser l'un de leurs cinq grands rêves de vie. En d'autres mots, est-ce que l'achat aura un impact direct sur leur progression vers une vie riche et heureuse? Si oui, ils vont de l'avant. Si non, ils abandonnent l'idée.

Le troisième groupe applique le concept comme je l'ai décrit plus tôt, en ajoutant cependant une variable, ou un multiplicateur, à leur analyse. Pour les dépenses attribuées aux choses qu'ils ne considèrent pas comme extraordinaires, ils multiplient leur RRH par un.

Ainsi, si aller au cinéma avec les amis tombe dans cette catégorie, leur formule sera la suivante:

$$\frac{\textbf{Durée totale}}{\textbf{Coût total}} = \frac{\textbf{120 minutes}}{\textbf{10\$}} = \frac{12 \times 1 = 12 \text{ minutes riches et heureuses}}{\text{dollar dépensé}}$$

Pour les dépenses qu'ils évaluent comme extraordinaires, dans le sens où elles les rapprochent de leurs cinq grands rêves de vie, ils multiplient le RRH par deux. Toujours selon l'exemple du cinéma, cela signifie que non seulement ils vont au cinéma avec leurs amis – ce qui entre dans la catégorie du multiplicateur de valeur 1 –, mais ils assistent à la projection d'un film sur l'Afrique. Et il se trouve que l'un de leurs cinq grands rêves est de visiter l'Afrique.

Puisque ce film restera dans leur mémoire ou qu'ils en parleront longtemps après l'avoir vu au cinéma, le nombre de minutes riches et heureuses générées doublera.

$$\frac{\textbf{Durée totale}}{\textbf{Coût total}} = \frac{\textbf{120 minutes}}{\textbf{10\$}} = \frac{12 \times 2 = 24 \text{ minutes riches et heureuses}}{\text{dollar dépensé}}$$

Enfin, pour une dépense directement en lien avec la réalisation d'un de leurs cinq grands rêves de vie – donc avec leur vie riche et heureuse –, ils utilisent un multiplicateur de dix.

L'idée est qu'ils penseront à cette expérience et en parleront avec leurs amis longtemps après l'avoir vécue. Et cela leur procurera encore plus de minutes riches et heureuses.

Ainsi, le multiplicateur un est accordé à la sortie au cinéma avec des amis, le multiplicateur deux est accordé à la sortie au cinéma avec des amis pour voir un film sur l'Afrique, ce qui compte parmi l'un de leurs cinq grands rêves de vie, et enfin, le multiplicateur dix est accordé dans le cas d'un réel voyage de trois semaines en Afrique. L'équation devient alors celle-ci :

$$\frac{\textbf{Durée totale}}{\textbf{Coût total}} = \frac{\textbf{30\,240 minutes}}{\textbf{7\,000\,\$}} = \frac{4,32 \times 10 = 43 \text{ minutes riches et heureuses}}{\text{dollar dépensé}}$$

La façon dont vous utiliserez le concept du RRH vous appartient. Choisissez la méthode qui vous convient et qui fonctionne pour vous lorsque vous l'appliquez.

Au début, vous vous retrouverez souvent en train de calculer mentalement. Et c'est normal puisque l'idée est nouvelle pour vous. Graduellement, un éveil de conscience s'opèrera en vous et votre subconscient saura appliquer le concept RRH.

Et pour vous propulser vers cet état, je vais vous apprendre le concept de la matrice riche et heureuse.

CHAPITRE 19

La matrice riche et heureuse

Plus tôt, le ratio RRH vous a démontré que vous pouvez dépenser votre argent en optimisant les minutes riches et heureuses que vous obtiendrez en échange.

Maintenant, la matrice riche et heureuse vous démontre que vous pouvez également utiliser votre temps pour gagner de l'argent, ce qui, éventuellement, vous aidera à faire ce que vous voulez, et ce, quand vous le voulez.

La matrice riche et heureuse		
☺ 1 $ Sortie	☺ 2 $ Neutre	☺ 3 $ Entrée
😐 4 $ Sortie	😐 5 $ Neutre	😐 6 $ Entrée
☹ 7 $ Sortie	☹ 8 $ Neutre	☹ 9 $ Entrée

État d'être heureux

Mouvement de l'argent

Le tableau de la matrice riche et heureuse est plutôt simple. L'axe horizontal correspond au mouvement de l'argent. Dans les zones 1, 4 et 7, l'argent sort de votre compte. Alors, vous dépensez. Dans les zones 2, 5 et 8, l'argent ne bouge pas. Alors, vous ne dépensez pas d'argent, mais vous n'en gagnez pas non plus. Dans les zones 3, 6 et 9, l'argent entre dans vos coffres. Alors, vous gagnez de l'argent.

L'axe vertical correspond au bonheur.

Dans les zones 7, 8 et 9, les gens sont à l'opposé des gens riches et heureux. Ils font constamment ce qu'ils ne veulent pas faire.

Dans les zones 4, 5 et 6, les gens sont neutres. Ils ne font pas ce qu'ils veulent, mais ce qu'ils font ne les rend pas misérables.

Dans les zones 1, 2 et 3, les gens sont riches et heureux. C'est le but à atteindre. Lorsqu'ils sont dans ces zones, les gens font ce qu'ils veulent, et ce, quand ils le veulent.

Si les gens sont riches et heureux, c'est parce qu'ils ont appris à œuvrer dans les zones élevées de la matrice.

La matrice riche et heureuse		
☺	☺	☺
1	2	3
$ Sortie	$ Neutre	$ Entrée
😐	😐	😐
4	5	6
$ Sortie	$ Neutre	$ Entrée
☹	☹	☹
7	8	9
$ Sortie	$ Neutre	$ Entrée

État d'être heureux

Mouvement de l'argent

Dans la zone 1, les gens dépensent leur argent dans le but de faire ce qu'ils veulent faire, et ainsi obtenir des minutes riches et heureuses.

C'est dans la zone 1 que le RRH entre en jeu, particulièrement si vous avez peu d'argent en surplus. Plus vous optimisez votre RRH, plus vous vivez des minutes de vie riche et heureuse.

Dans la zone 2, les gens sont dans un état riche et heureux, mais ils ne dépensent ni ne gagnent d'argent. Par exemple, ils sont peut-être en train de lire un livre, de pratiquer ou d'observer un sport, de marcher ou de passer du temps avec des amis. Les gens riches et heureux ont souvent des activités dans cette zone.

La zone 3 de la matrice est celle des gens riches et heureux qui gagnent de l'argent. C'est la position optimale.

Lorsqu'ils sont dans cette zone, les gens font non seulement ce qu'ils veulent, mais ils vivent par conséquent des minutes riches et heureuses et ils reçoivent de l'argent pour le faire. Cet argent leur permet ensuite d'aller dans la zone 1 pour acquérir des biens ou faire des choses qu'ils veulent, mais qui ne rapportent pas d'argent.

Les façons dont les gens riches et heureux fonctionnent dans la zone 3 sont presque infinies : voguer à travers le monde, gérer des entreprises, traverser le fleuve Amazone à la nage, écrire des livres ou de la musique, enseigner, construire des puits dans les régions désertiques, travailler à une œuvre humanitaire, tenir un site Internet. Ces exemples ne sont qu'une fraction des activités de cette zone. Les histoires de succès sont remplies de gens qui ont identifié ce qu'ils voulaient faire dans la vie et qui ont trouvé une façon d'obtenir de l'argent en le faisant.

Dans un prochain chapitre, vous verrez que chaque personne, vous y compris, a des actifs qui peuvent être exploités pour faire ce qu'elle souhaite faire et se retrouver dans la zone 3.

L'histoire suivante est celle d'une jeune femme qui y est parvenue :

Au début de la vingtaine, Janice a suivi des cours de cuisine dans une école spécialisée. Après avoir obtenu son diplôme de chef cuisinière, Janice décida que ce qu'elle voulait vraiment faire était une croisière dans les Caraïbes. C'était l'un de ses cinq grands rêves. Pour bien des gens dans la situation de Janice, ce rêve n'aurait été qu'une illusion. Elle avait très peu d'épargne, elle ne possédait aucun bien matériel qu'elle aurait pu vendre pour financer un tel voyage et elle devait de plus gagner de l'argent pour rembourser chaque mois son prêt étudiant.

Cela dit, Janice était déterminée. Elle a su habilement éviter la maladie du comment, vue plus tôt, et elle a concentré ses énergies sur la recherche du Qui approprié à son rêve. Elle a parlé de son rêve à tous ceux qu'elle connaissait, même au personnel de l'école de cuisine qu'elle avait fréquentée.

Quelques jours plus tard, elle reçut un appel de l'école de cuisine. On l'informait alors que le propriétaire d'un yacht avait joint l'école. Ce riche propriétaire partait sous peu avec sa femme pour une croisière de quelques semaines dans les Caraïbes et il voulait un chef cuisinier à bord. Comme Janice venait de partager son rêve avec le personnel de l'école, l'équipe a immédiatement pensé à elle.

Janice passa une entrevue, prépara quelques mets pour démontrer ses capacités et obtint le poste. Ses responsabilités étaient de préparer jusqu'à trois repas par jour pour le propriétaire et sa femme. Lorsque le bateau était amarré à un port quelconque, les propriétaires mangeaient la plupart du temps sur la terre ferme. Janice n'avait alors aucun repas à préparer.

Elle n'avait ni à servir le repas, ni à desservir, ni à laver la vaisselle. Quelqu'un d'autre était engagé pour ces tâches. Elle devait rédiger la liste des ingrédients et des produits dont elle avait besoin, mais elle n'avait pas à faire les courses elle-même, sauf si elle le désirait.

Janice avait sa propre cabine à bord du yacht. Lorsqu'elle ne cuisinait pas, elle pouvait décider de son horaire. De plus, elle recevait un substantiel salaire pour son travail.

Non seulement Janice faisait ce qu'elle souhaitait – voyager dans les Caraïbes – et vivait ainsi de nombreuses minutes riches et heureuses, mais elle gagnait du même coup de l'argent. Elle vivait en plein dans la zone 3.

Durant notre conversation, Janice me confia qu'elle occupa ce poste durant dix-huit mois. Lorsque je lui ai demandé pourquoi elle avait démissionné, elle me répondit qu'elle s'était lassée de voyager dans les Caraïbes. Un joyeux riche et heureux problème, non?

Jetons maintenant un œil sur les autres sections de la matrice.

La matrice riche et heureuse

☺ **1**	☺ **2**	☺ **3**
$ Sortie	$ Neutre	$ Entrée
😐 **4**	😐 **5**	😐 **6**
$ Sortie	$ Neutre	$ Entrée
☹ **7**	☹ **8**	☹ **9**
$ Sortie	$ Neutre	$ Entrée

État d'être heureux

Mouvement de l'argent

Les gens qui vivent dans les zones 4, 5 et 6 sont neutres. Sans faire ce qu'ils voudraient vraiment, ce qu'ils font les laisse indifférents. Ils n'en sont pas heureux, mais pas malheureux non plus. Comme Henry David Thoreau disait, «ils mènent une vie de désespoir silencieux».

Ces zones représentent typiquement la façon dont la plupart des gens passent leur temps libre. Parfois, ils dépensent de l'argent sans que cela les rende riches et heureux, et rarement en considérant le RRH de leurs dépenses. En d'autres cas, ils ne dépensent pas d'argent et ils ne font pas plus ce qu'ils voudraient faire. Ils ne vivent donc pas de minutes riches et heureuses. Regarder la télé sans un intérêt particulier en attendant de retourner sans plaisir le lendemain à un emploi quelconque est un exemple typique de la zone 5.

Stacy est une femme qui a modifié sa vie afin de passer des zones 4, 5 et 6 à une vie riche et heureuse. Lorsque je l'ai rencontrée pour la première fois, elle travaillait comme caissière dans une banque. Elle avait 27 ans et elle occupait cet emploi depuis 4 ans.

Cet emploi aurait été considéré comme un bon travail pour la majorité des gens. Stacy avait de bonnes conditions, recevait un salaire relativement bon et elle occupait ce poste depuis suffisamment longtemps pour être capable d'exécuter toutes les tâches sans avoir à trop se concentrer.

Elle conduisait une automobile ordinaire et vivait dans un bel appartement. Sa vie était bien, mais généralement pas excitante. Stacy côtoyait d'autres caissières qui avaient quarante ou cinquante ans. Elle réalisait que si elle n'apportait aucun changement à sa vie, elle se réveillerait un jour à quarante ans, toujours caissière à la banque.

Cette possibilité n'était pas dramatique en elle-même, mais ce n'était certainement pas un futur digne d'une vie riche et heureuse.

Alors, Stacy se mit à appliquer la formule. En peu de temps, elle rencontra toutes sortes de Qui vivant des réalités différentes de la sienne. Elle devint très intéressée par l'idée de voyager. En rencontrant de plus en plus de gens qui avaient complété des voyages de six mois et plus, elle réalisa qu'elle était tout aussi capable qu'eux d'en faire autant.

Elle réalisa aussi que si elle prenait la route et voyageait, peu importe ce qu'elle ferait durant ces expéditions, elle emmagasinerait de très nombreuses minutes riches et heureuses. En fait, elle comprit que voyager à travers le monde représentait en grande partie ce qu'elle désirait faire. Elle épargna donc de l'argent, laissa son boulot et partit voir le monde.

La dernière fois que je l'ai vue, elle était littéralement resplendissante. Elle n'avait fixé aucune date de retour, et même s'il lui restait

passablement d'épargne, elle cherchait déjà des façons de faire dans la
zone 3 de la matrice en enseignant l'anglais dans les endroits qu'elle visi-
tait ou en faisant autre chose.

Pour elle, le simple fait de se trouver dans un pays étranger et de voir
une nouvelle partie du monde rendait tout emploi digne de la zone 3.

La matrice riche et heureuse		
☺ **1** $ Sortie	☺ **2** $ Neutre	☺ **3** $ Entrée
😐 **4** $ Sortie	😐 **5** $ Neutre	😐 **6** $ Entrée
☹ **7** $ Sortie	☹ **8** $ Neutre	☹ **9** $ Entrée

État d'être heureux

Mouvement de l'argent

La plupart des gens passent les quelque 28 500 jours de leur vie dans
les zones 6 et 9. Dans la case 6, les gens occupent des emplois qui ne les
rendent pas vraiment malheureux. Cela dit, ces emplois ne sont tout de
même pas alignés sur leurs valeurs et ils ne les comblent pas. Aucune
minute riche et heureuse ne peut être obtenue dans la zone 6.

Dans la zone 9, non seulement les gens sont hors de leur alignement
sur leurs valeurs, mais leur emploi les rend malheureux. Nul besoin de
préciser qu'aucune minute riche et heureuse ne se gagne dans cette zone.

En moyenne, les gens passent 60 % de leurs heures d'éveil, du lundi
au vendredi, au travail et à s'y rendre ou à en revenir. Sinon, ils pen-
sent au travail. Cela revient à dire que pour les gens dans les zones 6

et 9, soit la majorité d'entre eux, au moins 70 % de leurs minutes d'éveil dans la semaine ne sont ni riches ni heureuses.

Ce qui est encore plus malheureux, c'est que les gens dans ces zones utilisent souvent leur argent pour des choses qui ne leur rapportent pas un bon RRH. Ils cherchent les moyens faciles, et c'est ce qu'ils obtiennent. Le résultat de tout cela est que leurs efforts leur procurent le plus bas nombre possible de minutes riches et heureuses vécues.

Robert est un exemple d'une personne dans la zone 9 :

J'ai rencontré Robert à une conférence que je donnais. C'était un médecin qui était devenu médecin en chef d'un important hôpital. Sa position exigeait de longues heures de travail. Il n'était pas rare qu'il devait travailler seize heures par jour.

Après quatre ans et demi de travail, Robert avait reçu au total une substantielle somme d'argent pour ses services. Par contre, il n'avait vécu que très peu de minutes riches et heureuses. Son emploi était stressant et il pouvait rarement faire plus qu'aller d'un patient à un autre en urgence. Les temps creux qu'il avait étaient réservés à la paperasse et à d'autres tâches administratives liées à son emploi.

Il y eut un temps dans sa vie où il avait adoré être médecin. Cependant, les responsabilités qu'il avait acceptées ne lui permettaient plus d'accorder du temps aux aspects du métier qu'il adorait.

Lorsque Robert terminait son travail le soir ou lors de ses rares journées de congé, il était si épuisé qu'il pouvait rarement faire autre chose que s'écraser dans le divan ou dormir. Le stress était parfois si intense que, malgré la fatigue, il lui fallait une médication pour dormir. Son imposant salaire servait à payer des choses qui rapportaient un très faible RRH ou qui entraînaient un faible RRH.

Il possédait une immense maison de cinq chambres située dans un quartier huppé et qu'il partageait uniquement avec sa femme. Le couple possédait deux voitures de luxe à la fine pointe du confort et de la technologie ainsi qu'une vaste sélection de meubles et de produits électroniques de marques renommées.

La vie de Robert était enfoncée dans la zone 9. Il ne voyait pas comment s'en sortir et il devenait de plus en plus insatisfait à mesure qu'il constatait que sa vie s'envolait ainsi.

Le jour où je l'ai connu, il était au bord de l'épuisement professionnel. C'était un homme hautement diplômé qui gagnait ce que la moyenne des gens aurait considéré comme un salaire de riche. Pourtant, il passait sa vie dans les zones 7, 8 et 9 (principalement dans la 9).

Aujourd'hui, Robert est une tout autre personne. Il commença à appliquer la formule des gens riches et heureux et il devint graduellement l'un d'eux. Il a gentiment accepté de participer à l'un de mes séminaires et de partager avec les participants à quel point sa vie avait changé depuis le jour où il s'est évertué à mettre la formule riche et heureuse en action.

Depuis, il a démissionné de son emploi à l'hôpital et il a choisi un rôle plus modeste. Son salaire est 75 % moins élevé qu'auparavant, ce qui, à première vue, paraît dur à accepter. Au contraire, cela lui a donné du temps pour amorcer une transition vers les zones 1, 2 et 3 et changer sa vie. Il a commencé à vivre des minutes riches et heureuses.

Robert confia aux participants que, même s'il faisait moins d'argent, il avait l'impression de revivre. Il était débordant de vitalité et d'enthousiasme. Robert était maintenant riche et heureux.

L'histoire de Robert est une excellente illustration de la façon dont il est possible de passer d'une existence dans la zone 9 à une vie riche et heureuse dans les zones 1, 2 et 3.

Dans le cas de Robert, le revenu qu'il gagnait en étant dans la zone 9 était important. Cela démontre bien que gagner beaucoup d'argent ne rend pas nécessairement une personne riche et heureuse.

Si vous êtes coincé dans la zone 9, mais que contrairement à Robert, votre revenu est modeste, peut-être même insuffisant pour payer toutes vos dépenses, ne croyez pas que l'histoire de Robert ne peut pas vous inspirer. Les mêmes principes s'appliquent. Les mêmes comportements vous emprisonneront dans la zone 9 si vous ne les changez pas. Et la même formule riche et heureuse vous permettra d'orienter votre vie hors de la zone 9.

Les gens riches et heureux ont atteint les zones 1, 2 et 3 à partir de différents points de départ. Ma propre histoire racontée au début de ce livre est un exemple parmi les milliers d'histoires de personnes qui vivaient de chèque de paie en chèque de paie ou qui, parfois même, n'arrivaient pas à attendre la prochaine paie, et qui pourtant sont devenues riches et heureuses.

Si vous êtes dans une telle situation, sachez que vous pouvez également vous en sortir.

Les deux dernières zones de la matrice sont les septième et huitième.

La matrice riche et heureuse		
☺	☺	☺
1	2	3
$ Sortie	$ Neutre	$ Entrée
😐	😐	😐
4	5	6
$ Sortie	$ Neutre	$ Entrée
☹	☹	☹
7	8	9
$ Sortie	$ Neutre	$ Entrée

État d'être heureux

Mouvement de l'argent

Les gens sont souvent ballottés d'une zone à une autre, avec des résultats désastreux.

Dans la zone 8, les gens passent leur temps à participer sans intérêt à des activités ou à un travail qui les rendent réellement malheureux et qui ne leur rapportent aucun bénéfice financier. Dans la zone 7, c'est encore pire. Les gens y dépensent leur argent pour des choses qui, espèrent-ils, les rendront riches et heureux, mais ce n'est jamais le cas.

Voici un exemple d'une personne vivant dans les zones 7, 8 et 9 :

À 26 ans, Carl vivait dans un minuscule studio et travaillait comme commis de nuit dans un dépanneur. Plus jeune, il avait essayé d'entrer au collège, mais cela n'avait pas bien fonctionné pour lui et il avait abandonné les études à vingt ans. Il tournait en rond dans des emplois de la zone 9 depuis ce temps.

Il était mécontent de sa vie. Il était bien conscient du type d'emploi qu'il occupait et de l'endroit où il vivait. Cela l'amenait à s'isoler, à fuir ses amis et à vivre de la solitude. Le peu d'argent qu'il gagnait était principalement dépensé pour trois choses : son studio, son automobile et son alcool.

L'automobile de Carl était un achat de la zone 7. Deux ans auparavant, après avoir rencontré par hasard des amis du lycée, et après avoir constaté leur style de vie plus remarquable que le sien, Carl s'était rendu chez un concessionnaire de voitures sport et avait acheté un véhicule coûteux. C'était un achat pour impressionner ses amis et pour se faire croire à lui-même que sa vie n'était pas si mal, ce qui, dans les deux cas, n'a pas réussi.

Malheureusement, à cause de l'âge de Carl et de son historique de revenus peu reluisant, les primes d'assurances et les mensualités pour l'automobile étaient très élevées. Avec l'essence, ses dépenses liées à l'automobile grugeaient presque tout l'argent qui lui restait après avoir payé son loyer. Finalement, il conduisait rarement son auto, sauf pour aller et revenir du travail, parce qu'il ne pouvait se permettre de sortir ou de faire autre chose.

Comme il ne pouvait se permettre de sortir et qu'il était conscient de sa vie misérable, Carl passait ses temps libres à flâner, à regarder sans intérêt la télé, à se disputer avec sa famille et à boire de la bière. La nourriture et la bière étaient les biens de consommation qu'il se procurait avec le très peu d'argent restant.

Avec son emploi, qu'il n'aimait pas (zone 9), ses dépenses pour une automobile, qu'il n'a jamais vraiment voulue, l'alcool, pour engourdir sa misère (zone 7), et le «flânage» devant la télévision, qui le déprimait (zone 8), Carl était à l'opposé des gens riches et heureux.

J'aimerais vous dire que Carl n'est plus dans ces tristes zones 7, 8 et 9. Malheureusement, la dernière fois que je l'ai vu, il s'y trouvait encore. Même s'il est au courant de l'existence de la formule pour être riche et heureux, Carl n'a fait aucun effort pour changer sa vie. La formule n'agit pas seule. Si Carl ne fait aucune action, sa situation ne changera pas.

Pour une personne prête à faire des gestes, prête à se diriger vers les zones riches et heureuses, changer les choses se fait en trois phases.

La première phase vous sert à observer la matrice et à trouver en vous un profond désir de passer de la zone dans laquelle vous êtes (comme la zone 9, dans le cas de Carl) à la zone 3. Cela demande que vous vous serviez de plusieurs aspects de la formule déjà décrits, incluant la découverte de ce que vous voulez faire, et de choisir la source de motivation (le plaisir ou la souffrance).

Habituellement, plus une personne est enfoncée dans les zones 6 ou 9, plus la connaissance ce de qu'elle veut faire est enfouie dans les profondeurs du subconscient. Il importe de ramener au conscient cette connaissance et de trouver des façons d'être payé pour faire ce qu'elle souhaite faire. Cela peut être aussi simple que de trouver le bon Qui ou de mettre à profit l'un de ses atouts, ce qui sera le sujet du prochain chapitre.

La deuxième phase est de dépasser les peurs, par exemple celles d'être trop vieux ou de ne pas réussir.

Cela exige que la personne ajuste ses croyances pour appuyer ses efforts. Nous avons déjà passablement couvert ce sujet auparavant et nous expliquerons d'autres techniques au chapitre 22 («Que ferait James Bond?»). Les techniques vous aideront à recréer l'image que vous avez de vous-même et à devenir éventuellement une autre personne.

La phase finale est d'apprendre à « quitter », ce que nous verrons plus en détail dans un prochain chapitre. Cette étape vous demande d'être capable de délaisser les habitudes qui vous empêchent d'être riche et heureux et de démissionner d'un emploi de zone 9 pour aller vers les occasions de la zone 3.

Pour quelqu'un dans la même position que Carl, la transition vers une vie riche et heureuse pourrait littéralement commencer dès la première prise de conscience de la matrice. Par un seul changement – changer le travail en zone 9 pour une occasion en zone 3 –, les minutes riches et heureuses commencent à s'accumuler.

N'importe qui peut faire ce genre de changement, tout spécialement une fois qu'il aura compris l'aspect de la formule qui sera abordé au prochain chapitre.

Donc, où passez-vous votre vie ? Dans quelles zones passez-vous votre temps ? Êtes-vous concerné par les histoires de Sarah, de Robert ou de Carl ? Souhaitez-vous transporter votre vie dans les zones 1, 2 et 3 comme Sarah et Robert l'ont fait ? Aimeriez-vous passer dix-huit mois dans la zone 3, comme Janice y est parvenue, et être payé pour vos minutes riches et heureuses ?

Excellent ! Le fait que vous soyez rendu à ce point du livre démontre que vous êtes sur la bonne voie. Poursuivez !

En introduction, je vous ai mentionné qu'au fil des pages, si vous avez l'esprit ouvert, il y aurait des moments où la formule pour être riche et heureux vous sauterait pratiquement aux yeux. Peut-être que la compréhension de la matrice et des zones dans lesquelles vous évoluez créera un tel moment. Ou l'étude du RRH.

Peu importe, jusqu'ici, nous n'avons vu que la pointe de l'iceberg. Apprendre la formule pour être riche et heureux est captivant. La vivre change tout.

Ce que je m'apprête à vous transmettre mettra pratiquement la vie riche et heureuse à vos pieds.

CHAPITRE 20

Plus de *mais* parce que vous avez tout pour réussir

Je ne peux compter le nombre de fois où après les avoir amenées à décrire ce que serait leur vie riche et heureuse, des personnes ont terminé en disant : « Je sais que cela n'arrivera pas » ou « c'est tout simplement impossible » ou « je ne sais comment y parvenir ».

Écoutez-moi bien : vous n'avez aucune excuse. Il n'y a plus de *mais*. Allez devant un miroir, regardez-vous et dites à voix haute que « les "mais", c'est terminé ! ».

Chaque fois que vous dites quelque chose et que vous ajoutez immédiatement un *mais*, vous annulez ce que vous venez d'énoncer. Par exemple, si vous dites : « Je sais que je peux faire un travail que j'aime, mais je ne crois pas que j'y arriverai » ou encore « j'aimerais voyager à travers le monde, mais je ne crois pas avoir assez d'argent pour le faire ».

Lorsque vous ajoutez ce *mais*, vous reniez ce que vous affirmez. Vous dites à votre cerveau : « Annule l'affirmation précédente, car elle est fausse. »

Alors, laissez-moi vous le répéter : ne dites plus le mot *mais*.

Retirez définitivement ce terme de votre vocabulaire. Les gens riches et heureux savent qu'ils n'ont aucune excuse. Et puisque vous voulez devenir comme eux, vous devez le savoir vous aussi. Comprendre cette seule partie de la formule vaut dix fois le prix de ce livre.

Savez-vous quoi ? Vous n'avez plus de *mais*. Cependant, vous avez des atouts, même si vous ne le réalisez peut-être pas.

« Quelle heureuse tragédie ! » C'est une phrase que les gens riches et heureux comprennent et que le reste du monde s'efforce de saisir. Chaque personne possède des cadeaux. Pour certains, ce sont leurs talents naturels, pour d'autres, ce sont les obstacles qu'ils ont affrontés, et pour d'autres encore, ce sera autre chose.

Ce qui différencie les gens riches et heureux des autres, c'est leur habileté à utiliser ce qu'ils ont pour obtenir ce qu'ils veulent. Bref, ils utilisent leur atout personnel.

Lorsque vous analysez le tout sous le bon angle, l'histoire de vie d'une personne, ses défis, ses attributs physiques, ses problèmes au travail, ses histoires d'amour peuvent être des atouts valables. Et cela inclut une tragédie personnelle. Après tout, les films, les livres et les discours d'inspiration sont venus après que leurs auteurs ont traversé des obstacles qui semblaient insurmontables.

Pour vous permettre de comprendre cet aspect de la formule, laissez-moi vous donner un exemple très simple de quelqu'un qui utilise son atout personnel. À la fin du chapitre, j'ai dressé une liste de différentes catégories d'atouts pour vous aider à identifier les vôtres.

Si vous pensez ceci : « […], *mais* je ne crois pas avoir d'atout majeur », je vous prie de vous rappeler que les *mais* sont bannis. Eh oui, vous avez certainement un ou des atouts personnels. Vous ne le réalisez tout simplement pas. Voici une histoire à ce sujet :

À vingt ans, Jared Fogle était dans une condition physique si lamentable que son père, un médecin, l'avait prévenu qu'il n'atteindrait probablement jamais 35 ans. Jared pesait 215 kilogrammes.

Un jour, Jared s'arrêta sur une publicité de la chaîne de restauration Subway. Après avoir essayé l'un de ses sous-marins et l'avoir aimé, Jared élabora son propre « régime Subway ». Il consistait en un demi-sous-marin à la dinde au dîner et en un sous-marin complet végétarien au souper. Il commença du même coup à faire de l'exercice et à marcher.

Après trois mois de ce régime, Jared avait perdu cinquante kilogrammes. Il poursuivit son régime et augmenta le temps de marche. Il commença également à délaisser les ascenseurs au profit des escaliers. Lorsqu'il arrêta le régime, Jared avait perdu plus de la moitié de son poids initial. La balance affichait alors 95 kilogrammes.

Un jour, par la suite, Jared tomba nez à nez avec Ryan Coleman, un ancien colocataire du temps des études. Coleman écrivait dans un journal étudiant, le Indiana Daily Student. Il fut si impressionné par le succès du régime de Jared qu'il rédigea un article à ce sujet. La chance se poursuivit lorsque l'article dans le journal étudiant capta l'œil d'un journaliste qui écrivait à ce moment-là un article dans le Men's Health Magazine. Il ajouta l'histoire de Jared dans son article sur les étonnants régimes qui fonctionnent.

De nouveau, le hasard fit bien les choses. Bob Ocwieja, un franchisé Subway de la région de Chicago, remarqua l'article dans le Men's Health Magazine et vit immédiatement l'immense potentiel médiatique de l'histoire de Jared. Il proposa à Richard Coad, le directeur de l'agence de publicité des Subway de Chicago, l'idée d'une campagne publicitaire axée sur l'histoire de Jared. Dans une entrevue, beaucoup plus tard, Coad avoua en avoir rigolé au début, mais avoir tout de même poussé plus loin l'idée d'Ocwieja. Il mandata quelqu'un pour qu'il se rende à Bloomington en Indiana dans le but de retrouver Jared. Cette personne fit le tour des restaurants Subway de cette région et finit par trouver celui que fréquentait Jared, ce qui le mena à lui.

Après quelques approches et essais au service du contentieux et du marketing de Subway, l'idée ne semblait plus progresser. Le propriétaire du Subway que Jared fréquentait, Krause, et son partenaire d'affaires décidèrent de payer eux-mêmes pour une publicité régionale basée sur l'histoire de Jared.

La première publicité fut diffusée le 1er janvier 2000 et connut un tel succès que Krause reçut des appels du USA Today, de ABC News, de FOX News et d'Oprah. Évidemment, après un tel succès régional, la publicité fut reprise par Subway sur le plan national. L'effet fut remarquable. Les

ventes de Subway augmentèrent de 18 % comparativement à l'année pré-
cédente et elles grimpèrent encore de 16 % l'année suivante.

Au départ, Jared mangeait simplement des sandwichs du Subway
pour perdre du poids. Il est ensuite devenu la personne la plus en vue à la
télévision. En plus des publicités, Jared travailla pour Subway en faisant
des apparitions publiques et en donnant des conférences.

Du début de la campagne jusqu'en 2005, les ventes de Subway avaient
plus que doublé, dépassant les 8,2 milliards, grâce à l'histoire de Jared
et des publicités dans lesquelles il apparaissait. En 2005, Subway aban-
donna ces publicités et les ventes chutèrent de 10 %. Subway n'eut d'autres
choix que de ramener les publicités avec Jared.

En tout, Jared fit plus de cinquante publicités, dont une soulignant le
fait que Jared avait conservé son poids depuis dix ans.

Jared publia un livre sur son histoire et il fut reçu à Oprah, *au* Larry
King Live, *au* Today Show, *à* Good Morning America, *au* Jane Pauly
Show. *Il fit également des centaines d'apparitions publiques à des événe-*
ments sportifs ou sociaux.

Voyez-vous, l'atout caché de Jared était que son obésité allait le tuer.
Maintenant, il est un conférencier reconnu sur le plan national. Il a
accumulé pendant des années des minutes riches et heureuses, il a vécu
dans la zone 3 de la matrice et a gagné des millions de dollars en parlant
de ce à quoi il croyait fermement, et ce, parce qu'il a su exploiter son
atout personnel.

Chaque obstacle que vous traverserez vous rendra plus intéressant si
vous le considérez comme un atout. Vous avez eu une dépendance aux
drogues? Vous vous êtes sorti d'un passé familial d'abus physiques?
Vous avez gagné puis perdu une fortune? Les médias veulent vous
entendre!

Les gens sont fascinés par les accidents d'automobile et les défis personnels. Alors, servez-vous des vôtres (des défis, surtout, et tenez-vous
loin des accidents d'automobile, à moins d'en avoir déjà subi un et d'être
capable d'en tirer profit).

Quelqu'un vous a déjà dit que vous étiez le sosie d'une vedette ? Êtes-vous d'une ethnie particulière ? Avez-vous une voix ou un rire unique, profond ou amusant ? Toutes ces particularités peuvent être des atouts.

Lisa, l'une de mes connaissances, est mannequin. Quelqu'un l'a choisie pour tenir un rôle dans une comédie satirique à la télévision. Elle devait tenir le rôle de Paula Abdul. Pourquoi ? Parce qu'elle ressemble à Paula Abdul, et lorsque l'émission *American Idol* a débuté et qu'elle y a participé, sa ressemblance avec Paula Abdul devint un atout.

Lisa vit dans la zone 3 de la matrice. Elle accumule les minutes riches et heureuses et elle gagne de l'argent en faisant quelque chose qui l'amuse.

On m'a présenté récemment à un autre mannequin. Il ne ressemble à personne. En fait, il a l'apparence ordinaire d'un Asiatique dans la trentaine. Il est le mannequin à joindre chaque fois qu'un média de la presse écrite ou de la télé désire faire une publicité dans laquelle un Asiatique doit apparaître. Comme les publicitaires souhaitent démontrer que leurs produits rejoignent tous les groupes ethniques, presque chaque publicité montre un Asiatique, un Latino, un Afro-Américain et un Blanc. Pourquoi le mannequin dont je vous parle est-il le gars à joindre ? Ce n'est pas parce qu'il est plus beau que les autres ou plus « branché ». C'est simplement parce qu'il n'y a pratiquement aucun autre asiatique disponible. Il est l'un des rares modèles masculins asiatiques d'agences de mannequins. Il obtient donc presque tous les contrats.

Ses atouts sont son ethnicité (ce sur quoi il n'a aucun contrôle), son choix d'être mannequin (ce qui est à la portée de bien d'autres) et sa disponibilité à être sur les plateaux.

Est-ce que le nom de Robin Leach vous dit quelque chose ? Il était présentateur à une émission télévisée, *La vie des gens riches et célèbres*. Chaque semaine, Robin se retrouvait dans des domaines fabuleux, dans des villas fantastiques ou sur des yachts et recevait les confidences de gens riches et célèbres. Il ouvrait et terminait l'émission en disant de sa voix unique : « Et je suis Robin Leach. »

Son émission a été présentée durant une décennie, mais Robin gagne toujours de l'argent comme présentateur. Pourquoi ? Parce que le public a associé sa voix aux gens riches et célèbres. Les publicitaires qui visent cette clientèle pour leurs produits l'engagent donc comme présentateur.

Vous avez également une habileté quelconque, un je ne sais quoi d'unique. Ne vous sous-estimez pas.

Un jour, j'ai assisté à un séminaire. Le présentateur était un hypnotiseur (devant public). Il était fantastique. Durant une heure et demie, il a ébloui l'auditoire de plus de mille personnes par son habileté à influencer l'esprit humain.

Il a terminé sa présentation en choisissant un volontaire et en lui faisant croire que son corps était aussi rigide qu'une poutre de métal. Puis, il le mit en équilibre entre deux chaises et monta sur lui. La foule n'en revenait pas.

Il a alors demandé aux gens d'imaginer ce que serait leur vie s'ils avaient ce même pouvoir sur leur propre esprit. Lorsqu'il a offert son cours de deux jours à l'auditoire, à 1 500 dollars par personne, plus de huit cents personnes se sont inscrites sur-le-champ. Décidément, cet homme avait un atout majeur. Il le démontra tout en faisant quelque chose qu'il aimait et en étant très bien rémunéré en échange. Zone 3, zone 3, zone 3 !

Dans ce cas-là, l'homme utilisa son atout pour faire plus de 1,2 million de dollars en moins de deux heures. La moitié de cette somme alla cependant à une autre personne qui, elle aussi, avait une certaine habileté. Cette personne a mis sur pied le séminaire. Elle l'avait planifié, elle avait vu à tous les détails, en avait fait la promotion et s'était assurée de remplir la salle. En échange, elle recevait 50 % des ventes totales. Pas mal pour avoir utilisé une habileté que bien des gens possèdent, mais grâce à laquelle peu deviennent riches.

Avez-vous des trucs qui ne vous servent plus à la maison ?

Kyle MacDonald a transformé un trombone rouge, qui traînait sur le dessus de son ordinateur, en une maison ! Oui, vous avez bien lu. Il a commencé avec un trombone rouge et a terminé avec une maison gratuite! À cette époque, MacDonald était un blogueur montréalais de 26 ans. Il s'est fixé l'objectif d'échanger un trombone rouge contre une maison. Il a réussi et est devenu le propriétaire d'une maison de trois chambres offertes par la ville de Kipling, en Saskatchewan.

Pourquoi les responsables d'une ville auraient-ils fait cela? Pour comprendre leur motivation, il faut revenir quelque peu en arrière. L'aventure de MacDonald met en vedette des personnes, des amis, des gens de la radio ou de la télévision et d'anciennes célébrités. Elle inclut aussi beaucoup de temps passé par Kyle dans les zones 2 et 3:

L'aventure a commencé lorsque MacDonald mit une annonce dans la section des échanges d'un site appelé Craigslist. *À cette époque, il partageait son temps entre des emplois occasionnels et l'écriture sur son blogue. Dans l'annonce, MacDonald mentionnait qu'il voulait échanger un trombone rouge qui traînait sur son ordinateur contre quelque chose de plus gros et de plus grande valeur.*

Son premier échange lui procura un stylo en forme de poisson, qu'il s'empressa de mettre sur le site Craigslist *en faisant la même demande que pour le trombone rouge.*

Avec le temps, le stylo fut échangé, et toute une série d'échanges suivit avec toutes sortes d'objets qui incluaient un réchaud pour le camping, une génératrice, une enseigne de bière Budweiser, une motoneige, un voyage dans les Rocheuses canadiennes, un camion d'occasion et un contrat d'enregistrement. Pas mal si l'on considère que tout a débuté par un trombone rouge. Cela dit, Kyle n'avait toujours pas la maison qu'il souhaitait.

Une grande part du succès de MacDonald venait de l'originalité de sa démarche. Elle était intéressante, bizarre et certainement «médiatisable». C'était le genre d'histoires parfaites pour Internet. Des gens de partout dans le monde, mais particulièrement des États-Unis et du Canada, suivaient la progression de l'aventure de Kyle.

Ce dernier fit des apparitions à des émissions de télévision au Canada, au Japon et à Good Morning America. Il fut invité dans des douzaines de stations de radio. C'est justement après son passage à une station de radio de Los Angeles qu'une occasion se présenta pour propulser Kyle vers son objectif.

L'acteur Corbin Bernsen, ancienne vedette de la télé et du cinéma (L. A. Law et Major League), entendit MacDonald à la radio ce jour-là. Bernsen réalisa le potentiel publicitaire de cette histoire, joignit MacDonald et lui offrit un échange pour un rôle parlé et payant dans un film qu'il écrivait et dirigeait.

À ce moment-là, MacDonald avait obtenu et offrait de nouveau en échange un appartement gratuit pour un an à Phœnix. C'était certainement une belle acquisition, mais sans intérêt pour Bernsen.

MacDonald décida alors de conserver l'offre de Bernsen en réserve et de l'accepter seulement s'il pouvait l'échanger contre quelque chose que Bernsen voudrait réellement avoir.

Il ne parla pas de cette offre sur son blogue et il échangea l'appartement gratuit à Phœnix contre un après-midi en compagnie du rockeur Alice Cooper. Selon lui, Alice Cooper était une mine d'or d'émerveillement et de plaisir. Puis, il fit un geste qui consterna tous ceux qui le suivaient sur son blogue. Il échangea l'après-midi avec Alice Cooper contre une boule à neige en verre.

Cela semblait stupide, mais en fait, c'était génial. Cette boule à neige était particulière : elle représentait le groupe rock Kiss.

Et cela nous ramène à Bernsen. Il se trouve que Bernsen était un collectionneur de boules à neige. Parmi sa collection de 6 500 boules, il lui en manquait une de choix : celle du groupe Kiss. MacDonald échangea donc la boule à neige de Kiss avec Bernsen et alla plus loin en encourageant les fans de son blogue à échanger avec Bernsen des boules à neige contre des photos autographiées. Nous en arrivons au lien avec la maison.

Les élus de Kipling en Saskatchewan eurent vent des efforts de Mac-Donald. Cette ville de 1 140 habitants cherchait à attirer le tourisme et *des gens d'affaires dans la région. Les élus de la ville pensèrent que Mac-Donald et son aventure d'échanges représentaient une bonne occasion d'arriver à leur fin.*

La ville acheta une maison sur la rue principale, à Kipling, et l'offrit à MacDonald en échange du rôle dans le film qu'il venait d'obtenir de Bernsen. Aucun prix officiel ne fut dévoilé, mais les élus déclarèrent que la valeur de la transaction était inférieure à la valeur de la maison dans cette région (autour de cinquante mille dollars).

De plus, les élus de la ville acceptèrent de placer un immense trombone rouge à la halte routière, sur l'autoroute, et de tenir des auditions pour le rôle dans le film. Ceux qui voulaient passer l'audition devaient faire un don à la fondation s'occupant des parcs de la ville et à un organisme de charité local.

Plutôt impressionnant pour quelqu'un qui a démarré cette aventure avec un trombone rouge.

Les exemples des gens riches et heureux qui ont éliminé le mot *mais* de leur vocabulaire et qui ont su tiré profit de leurs atouts sont aussi variés qu'il y a de personnalités dans le monde.

Les histoires que vous avez lues, de celle de l'homme qui parcouru à la nage le fleuve Amazone à celle de la personne de soixante ans qui s'est mise à la moto et qui a fini par rouler de la Floride à New York pour amasser des fonds pour une œuvre charitable, voilà autant d'exemples qui démontrent qu'il n'y a pas de limite lorsque vous utilisez votre atout principal pour créer votre vie de rêve.

La question que vous vous posez sans doute est la suivante : « Quel est mon atout majeur ? »

Voici des catégories d'atouts et des exemples pour aiguillonner votre démarche. Lisez-les et voyez si vous possédez des atouts qui y sont donnés en exemple. Si oui, encerclez-les ou notez-les.

À la fin du chapitre, je vous expliquerai ce que vous devez faire de ces nouvelles informations.

Catégories d'atouts

Défis et échecs personnels

Les gens sont fascinés par les déboires des autres. Chaque obstacle important que vous avez traversé, chaque échec que vous avez encaissé et chaque épreuve que vous avez subie vous rend encore plus intéressant.

Avez-vous vécu des dépendances aux drogues, des sévices, des gains ou des pertes? Des journalistes, des intervieweurs et des éditeurs voudraient peut-être vous rencontrer.

Accomplissements ou effets remarquables

Un accomplissement remarquable est un atout majeur. Avez-vous obtenu un diplôme spécial ou gagné un prix? Avez-vous été le premier dans un domaine ou avez-vous établi un record quelconque? Si oui, les gens veulent vous entendre à ce sujet. Ils veulent vous rencontrer. La clé est alors de vous présenter devant un auditoire qui souhaite écouter quelqu'un comme vous.

Encore mieux, vous n'avez pas nécessairement besoin d'avoir accompli quelque chose de grandiose ou d'avoir connu une fin heureuse avec cet accomplissement. Le truc, c'est d'avoir fait quelque chose d'intéressant. La participation devient alors votre atout.

En 1998, l'équipe de luge jamaïcaine non seulement n'a pas gagné de médaille, mais elle n'a même pas terminé la compétition. Quand leur luge s'est abîmée, les membres de l'équipe l'ont transportée jusqu'à la ligne d'arrivée. Pourtant, ils sont devenus célèbres simplement grâce à leurs efforts (des lugeurs venant d'un pays situé au beau milieu des Caraïbes!). Leurs efforts étaient si captivants que l'on en tira un film et un livre. Au bout du compte, le fait d'essayer les a fait gagner et les a rendus célèbres!

Les gens veulent connaître des personnes intéressantes. Pour être intéressant, faites des choses intéressantes!

Particularités physiques

Vous a-t-on dit, parfois, que vous ressembliez à quelqu'un de connu, que vous aviez un charme irrésistible, que vous aviez un style unique? Votre couleur de peau est-elle différente de celle des autres ou votre taille est-elle différente de celle des autres? Votre voix est-elle particulière?

Observez les publicités à la télé et dans les magazines. Il y a une forte demande pour les gens différents. Les médias recherchent des personnes variées: le gars très gros, le type excentrique ou le mannequin très séduisant.

Les publicitaires offrent différents produits. Ils ont besoin de toutes sortes de personnes: jeunes, âgées et entre les deux.

Également, si vous avez une voix particulière, vous pourriez intéresser des stations de radio ou des annonceurs. Robin Leach a fait carrière grâce à sa voix comme présentateur de l'émission *La vie des gens riches et célèbres*. Robin Buffer, le présentateur d'événements de boxe et d'arts martiaux, qui a lancé la phrase «Et maintenant, préparez-vous pour la bagarre!», s'est démarqué de ses collègues juste par cette phrase et la façon de la dire en ouverture d'événements. Il est apparu dans plusieurs films et publicités, et sa phrase fut reprise dans des jeux vidéo, des chansons et même dans un dessin animé de Disney (*Hercule*). Et comme Buffer avait enregistré sa phrase comme une marque déposée, il en reçoit les dividendes.

Attributs personnels

Êtes-vous créatif, sans peur, bon organisateur ou excellent médiateur? Avez-vous un esprit vif ou une facilité à apprendre ou à retenir les choses? Dans quoi les autres disent-ils que vous excellez?

Prenez conscience que ce dans quoi vous excellez est, pour d'autres personnes, un véritable supplice. Si vous excellez dans l'organisation, des gens moins structurés vous paieront pour organiser leur vie. Si vous êtes imaginatif, des gens plus structurés vous paieront pour trouver des idées de produits ou de campagnes publicitaires ou pour apprendre à vivre avec plus de souplesse.

Il y a toujours des gens désireux d'apprendre ce que vous savez faire ou qui vont vous payer pour le faire à leur place.

Dans le monde de l'immobilier, il est fréquent qu'une personne sans argent, mais habile à trouver des occasions s'associe à un partenaire ayant de l'argent. Le profit est divisé entre eux à parts égales. La première personne fournit des efforts et son intelligence par rapport à l'immobilier, tandis que l'autre investit l'argent nécessaire. Même sans argent, vous voyez qu'il est possible de faire de bonnes affaires dans l'immobilier.

Sir Ranulph Fiennes, le plus grand aventurier vivant selon le *Livre des records Guinness*, a vécu des dizaines de milliers de minutes riches et heureuses en se servant de son atout d'être un aventurier sans peur. Il a été le premier homme à visiter les pôles Sud et Nord par voies terrestres et le premier également à traverser l'Antarctique à pied. À 65 ans, il a escaladé l'Everest et 4 mois après avoir subi un double pontage au cœur, il a complété 7 marathons en 7 jours sur 7 continents.

Tout cela l'a rendu célèbre et lui a permis de récolter plus de huit millions de dollars pour des œuvres de charité.

Relations publiques

Les avantages de passer à la télé, à la radio ou d'être dans les magazines durent toute la vie. La date ou l'année de votre apparition dans un média importe peu. Toute votre vie, vous pourrez utiliser l'expression « Comme vu à… ».

Et c'est la même chose pour toutes les relations publiques. Toute présence dans les médias peut faire une énorme différence quand vient le temps d'enseigner un sujet que vous connaissez, d'écrire un livre ou encore même d'alimenter un site Internet.

Ce que les gens ignorent, c'est qu'il est possible d'acheter ces apparitions dans les médias. Vous pouvez acheter du temps d'antenne à la radio et produire votre propre émission, vous pouvez engager une firme de relations publiques pour qu'elle vous obtienne des articles dans les journaux ou les magazines. Et si vous n'avez pas le temps d'écrire des articles, la firme trouvera quelqu'un pour les écrire à votre place.

Avantages financiers

Avez-vous des économies, des avoirs (maison), des actions, un fonds de pension ou une police d'assurance? Ce sont des atouts non négligeables.

Certaines régions offrent ce que l'on appelle des hypothèques « renversées ». Les banques qui adhèrent à cette stratégie vous paient chaque mois pour vivre dans votre maison. Après un certain nombre d'années, ou lors de votre mort, elles deviennent propriétaires de la demeure. Pendant des années, vous avez été payé pour occuper votre maison au lieu de payer pour y vivre.

Les fonds de pension peuvent aussi être utilisés à votre avantage pour investir dans votre vie riche et heureuse. Un bon planificateur financier pourra vous aider à tirer profit de vos atouts financiers.

Connaissances et informations

En quel domaine êtes-vous très connaissant? Que vous soyez habile à faire pousser des pétunias dans un sol sablonneux, à construire des panneaux solaires à partir de matières recyclées ou encore à favoriser une grossesse chez un couple de lesbiennes (en passant, aucun de ces sujets n'est une blague), quelqu'un d'autre voudra apprendre comment vous vous y prenez.

Avec peu d'efforts, vous pouvez transformer vos connaissances en des activités lucratives. Au lieu de payer pour apprendre, vous pourriez être payé pour enseigner!

Grâce à Internet, vous pouvez partager vos connaissances sur un blogue ou en offrant aux gens de payer pour recevoir un cours en ligne. Il existe également des façons d'être payé chaque fois que quelqu'un cliquera sur une annonce placée à un endroit stratégique sur le Web, avec *Google* par exemple.

Partenariats d'information

En 2007, Leo Babauta mit ses connaissances au profit d'un blogue qu'il démarra et qu'il nomma Zen Habits. En deux ans, il avait plus de cent mille adhésions et son blogue était l'un des plus lus au monde dans le domaine du développement personnel. Le *Time Magazine* désigna Zen Habits comme l'un des 25 meilleurs blogues de 2009, ce qui aida le livre de Babauta, *The Power of Less,* à devenir le meilleur vendeur d'Amazon dès sa première journée de vente. Vous pouvez lire l'histoire de Leo et de ses efforts au *www.zenhabits.com.*

Il est important de vérifier avec un comptable les stratégies à adopter, car lorsque vos loisirs deviennent des entreprises lucratives, vous avez droit à des déductions pour vos frais liés à vos activités. Cela peut représenter une autre bonne façon d'obtenir des minutes riches et heureuses.

Contacts personnels

Qui connaissez-vous? Certaines organisations sont prêtes à débourser passablement d'argent pour obtenir des contacts de clients potentiels. Parfois, une personne peut recevoir jusqu'à 5 % de la somme d'une vente découlant d'un contact recommandé.

Si vous gérez un site Internet ou si vous possédez une banque de noms de gens qui suivent vos activités ou qui partagent vos intérêts, vous avez un atout important. Par exemple, si voyager est l'un de vos rêves de vie, vous pourriez proposer à une compagnie aérienne de mettre ses publicités sur votre site en échange de billets d'avion.

Recommandations de contacts

Vous pouvez gagner de l'argent en recommandant le produit d'une autre entreprise à votre liste de contacts. En échange, vous pourriez obtenir jusqu'à 50 % des ventes totales.

La plupart des gens recommandent naturellement des produits ou des services qu'ils apprécient à d'autres personnes. Pensez-y un instant. Ne parlez-vous pas aux autres d'un film que vous avez aimé ou d'un bon restaurant que vous avez fréquenté ? Si vous le voulez, vous pouvez transformer ces activités de zone 2 en activités payantes de zone 3.

Habiletés naturelles

En plus des connaissances que vous avez, quelles sont les choses que vous faites mieux que la plupart des gens ? Cette catégorie recèle d'excellentes façons de passer de la zone 2 à la zone 3 sur la matrice riche et heureuse.

Je me souviens d'une infopublicité dans laquelle une femme qui maîtrisait l'art du collimage (*scrapbooking*) offrait son propre guide du style « étape par étape ».

Une de mes amies, professeure de yoga, échangea ses habiletés au centre de yoga contre un séjour de trois mois dans un palais royal d'Arabie Saoudite. Chaque jour, elle enseignait le yoga à la famille royale. En échange, elle recevait une compensation financière et elle avait droit au traitement royal comme le reste de la famille. Elle n'était pas connue de la famille. Elle avait été recommandée par une connaissance.

Si vous écrivez bien, mais que vous n'avez aucune idée pour écrire un livre, voici une bonne nouvelle. Quatre-vingts pour cent des livres pratiques sont écrits par une autre personne que l'auteur. Les célébrités, les présidents ou les dirigeants d'entreprises et bien d'autres experts n'écrivent pas eux-mêmes. Une autre personne rédige leurs idées, leurs mémoires ou leurs connaissances.

Biens matériels

Si vous utilisez adéquatement les biens comme une maison, une auto, un bijou, une collection, un terrain, une œuvre d'art, un programme de récompenses de cartes comme *Airmiles*, tout cela peut vous être très utile pour vivre une vie riche et heureuse.

Si vous désirez voyager, vous découvrirez que l'un des coûts les plus importants est consacré à se loger. Pour diminuer ces coûts, vous pourriez échanger votre maison avec d'autres voyageurs, le temps du voyage. Des sites se spécialisent dans le jumelage de voyageurs qui acceptent d'échanger leurs maisons pour la durée d'un voyage. L'un vit dans la maison de l'autre. Dès lors, toutes les destinations sont possibles.

Le Vatican, à Rome, reçoit plus d'un million de dollars chaque année de visiteurs qui paient pour voir les œuvres d'art qui s'y trouvent.

Rappelez-vous l'histoire du trombone rouge qui s'est transformé en maison ! Vous avez sans doute quelque chose chez vous qui a plus de valeur qu'un trombone.

Le courage et la confiance personnelle

Pour certaines personnes, leur plus grand atout est leur persévérance.

En complétant ses recherches pour son livre *Réfléchissez et devenez riche,* Napoleon Hill découvrit que des centaines de personnes avaient connu un grand succès en faisant un pas de plus, un effort de plus, après leur plus grand échec.

Jonathan Fields est un exemple contemporain de cette observation. Cet ancien avocat de New York se retrouva à l'hôpital pour une chirurgie d'urgence à la suite du stress de sa vie professionnelle.

Que faites-vous lorsque vous gagnez un gros salaire, que vous êtes le soutien d'une famille dans l'une des villes les plus chères au monde et que le stress est littéralement en train de vous tuer ?

Si vous êtes aussi courageux que Jonathan, et si vous avez autant confiance en vous que lui, vous faites ce que vous voulez vraiment faire, comme apprendre le yoga et ouvrir votre propre centre de yoga par la suite. Bien des gens ont dit de Jonathan qu'il était fou et qu'il ne pourrait jamais réussir. Non seulement Jonathan leur a prouvé le contraire, mais il est devenu un célèbre blogueur, un as du *marketing* et l'auteur du brillant ouvrage *Career Renegade*, tout en accumulant d'innombrables minutes riches et heureuses.

Découvrez l'histoire de Jonathan au *www.jonathanfields.com*.

L'habitude de sourire

Sans blague, l'habitude de sourire peut être un atout majeur. Joel Osteen est un auteur à succès, un évangéliste et un prédicateur. Il rejoint des millions de personnes par son émission qui est diffusée dans plus de cent pays dans le monde. Bien que sa passion et son authenticité soient des outils indéniables de son succès, c'est son sourire permanent qui a initialement entraîné la reconnaissance du public.

Ce qui, au départ, était une façon de contrôler sa nervosité avant son premier discours est devenu sa marque de commerce.

Souriez-vous? Alors vous avez un atout majeur.

Traits de personnalité

Êtes-vous gentil? Expliquez-vous bien les choses? Avez-vous le sens de l'écoute?

Lorsque Warren Buffet a été soumis à une vérification des autorités financières, les enquêteurs ont noté à quel point il était patient pour expliquer ses transactions ou pour répondre aux questions posées. Il n'a pas fui et ne les a pas laissées seules. Au contraire, il leur a fourni tous les détails et les a aidées à comprendre ce qui s'était passé. Croyez-vous que cela a pu avoir une influence sur le résultat de la vérification? Sûrement.

Nationalité et affinités

Avez-vous des antécédents ethniques particuliers? Vivez-vous dans un endroit unique? Êtes-vous membre d'un groupe ou d'une association?

Les gens aiment voir des personnes qui réussissent, spécialement lorsque ces personnes sont «comme eux». Cette affinité peut venir d'un aspect complètement hors de votre contrôle, comme votre nationalité par exemple, ou d'un aspect dont vous êtes responsable, comme l'adhésion volontaire à une association.

Pensez-y! Si vous êtes d'origine hispanique ou afro-américaine, si vous êtes un comptable ou un résident du Midwest, ce sont des exemples d'affinités qui peuvent vous avantager.

Habiletés linguistiques

Parlez-vous anglais? Si oui, vous pouvez être professeur d'anglais partout dans le monde. Vous n'avez pas besoin d'un diplôme spécial, d'un certificat ou d'une lettre de recommandation. Tout ce dont vous avez besoin, c'est votre maîtrise de la langue anglaise.

Dans plusieurs endroits, non seulement vous êtes défrayé de toutes vos dépenses et votre salaire sera intéressant, mais le coût de la vie est si bas qu'en travaillant six mois, vous économisez suffisamment d'argent pour voyager les six autres mois de l'année.

Selon votre nationalité, dans certains pays, vous serez peut-être même vu comme un expert qui parle non seulement l'anglais, mais aussi la langue locale.

Autres atouts

Du temps libre que vous avez au sens de l'humour que vous possédez, la liste de ce qui peut être un atout pour vous est pratiquement infinie. Si d'autres atouts vous viennent en tête, n'hésitez pas à les inscrire.

Maintenant que vous avez dressé la liste de vos atouts, il est temps de les mettre à profit afin de vous positionner dans la zone 3 de la matrice, là où vous êtes payé pour vivre des minutes riches et heureuses.

La première étape est de reprendre votre liste de valeurs et celle de vos cinq grands rêves. Après tout, vos atouts doivent servir à vous faire vivre ce que vous voulez, et ce, quand vous le voulez.

Il est important ici de vous débarrasser des *mais* et d'éviter la maladie du *comment*. J'ai parlé brièvement de la maladie du comment auparavant. C'est une maladie débilitante qui empêche les gens de vivre riches et heureux. Je tiens à en reparler, car elle frappe souvent les gens qui découvrent leurs atouts et qui sont motivés à faire de leur existence une vie riche et heureuse. Ces gens voient bien tout le potentiel qu'ils ont, ils savent vers où ils veulent diriger leur vie, mais ils finissent presque tous par faire l'erreur de se poser cette question catastrophique : « Comment vais-je m'y prendre ? »

Dès lors, ils deviennent victimes de la maladie du comment et hypothèquent sérieusement leurs chances de devenir riches et heureux. Pourquoi ? Parce que le comment frustre la plupart de gens. Il conduit à une série sans fin d'obstacles à affronter et à surmonter. Chaque obstacle est comme une montagne. Après la première ou la deuxième, ou parfois la troisième, la plupart des gens abandonnent. Ils demeurent alors des victimes de la maladie du comment.

Pour mettre à profit vos atouts et espérer vivre une vie riche et heureuse, vous devez éviter la maladie du comment. À la place, vous devez trouver votre Qui riche et heureux, et vous concentrer sur son parcours.

Pour ce faire, commencez à parler au plus grand nombre de personnes de vos valeurs, de vos cinq grands rêves de vie et des atouts dont vous disposez. Demandez aux gens s'ils connaissent quelqu'un qui s'est servi des mêmes atouts pour accomplir ce que vous désirez faire.

Faites aussi vos propres recherches sur Internet. Il y a sans doute des dizaines, voire des centaines d'exemples de personnes qui ont réussi ce que vous voulez accomplir, en s'alignant sur les mêmes valeurs que vous et en utilisant les mêmes atouts que vous pour vivre leur vie de rêve.

Trouvez-les, étudiez comment ils s'y sont pris et commencez à faire comme eux. C'est facile, non?

Vous l'avez sans doute compris, vous possédez souvent plusieurs atouts majeurs. Individuellement, ils ne peuvent peut-être pas vous mener à une vie riche et heureuse, mais réunis, ils peuvent représenter une force majeure.

Prenez l'exemple de MacDonald et de son trombone rouge. Le trombone à lui seul ne pouvait procurer une maison à MacDonald. Cependant, le trombone combiné avec le talent de MacDonald (l'écriture) et un de ses traits de personnalité (sa nature extrovertie) ont mis en place le mouvement qui le mena au succès.

Parfois, c'est en combinant vos atouts avec ceux d'autres personnes que vous obtenez une force considérable qui peut vous mener plus loin.

En 2007, Martin Strel, un nageur marathonien détenteur d'un record Guinness, nagea sur toute la longueur du fleuve Amazone. Il lui fallut 66 jours, à raison de dix heures de nage chaque jour. L'exploit l'a presque tué.

C'est certainement un atout majeur qui est devenu beaucoup plus puissant lorsqu'il fut combiné avec les atouts d'autres personnes. Dans ce cas-ci, ces personnes représentaient plusieurs acteurs, soit l'auteur des chroniques et d'un livre sur cet exploit, le réalisateur qui filma l'exploit et le mit sur You Tube, pour ensuite en faire un film qui a obtenu un prix, le photographe qui capta toutes les étapes, l'équipe médicale qui s'assura de préserver la vie de Martin, l'équipe technologique qui assura la communication entre toutes ces personnes et le reste du monde, l'ensemble des commanditaires qui ont financé l'exploit et acheté le matériel requis, etc.

Tous ces gens avaient des atouts diversifiés. Ces atouts avaient de la valeur individuellement, mais réunis, ils créèrent un exploit reconnu à travers le monde.

CHAPITRE 21

Félicitations !
Vous n'êtes pas mort !

P our réussir la transition d'un état mental émotionnel ou physique à un autre, il faut forcément que quelque chose change. Cela s'applique aussi lorsque l'on passe d'une vie ordinaire à une vie riche et heureuse.

Si vous n'êtes pas riche et heureux et que vous ne changez rien à votre vie, alors votre vie rêvée restera un rêve.

Sur le plan cellulaire, notre corps se transforme de minute en minute. J'ai déjà lu que notre foie se renouvelle entièrement en deux ans environ. Je ne sais pas ce que mon corps fait de tous mes anciens foies, mais vous comprenez mon point.

Non seulement nous transformons-nous physiquement, mais sur le plan mental, nous sommes aussi constamment en changement. Nos valeurs changent au fil des événements ou de notre épanouissement personnel, tout comme nos croyances d'ailleurs. Cela façonne notre personnalité, qui elle aussi se transforme avec les années.

Vos émotions peuvent changer d'un moment à l'autre, comme vous le savez sûrement. Pensez pendant un instant au plus beau jour de votre vie. Je peux vous assurer qu'un changement bénéfique se fera sentir en vous. Par contre, selon le même principe, pensez au pire jour de votre vie et constatez le changement en vous.

La vie extérieure aussi se transforme. Les amis vont et viennent et des êtres chers meurent. Puis, nous changeons d'emploi ou de carrière, nous déménageons, nous achetons de nouveaux vêtements, nous modifions notre alimentation, nous visitons de nouveaux pays et nous expérimentons de nouvelles activités.

Alors, si le changement est constant dans la vie et qu'il survient à tout moment, pourquoi avons-nous parfois autant de difficultés à l'accepter et à l'accueillir sur le plan de la conscience?

Il y a, semble-t-il, plusieurs raisons à cela.

La première est l'évolution. La priorité pour chacun de nous, à la base, est la survie. Ce n'est pas se reproduire, ce n'est pas croître spirituellement, ce n'est pas devenir une vedette du cinéma ou acquérir une immense richesse. C'est purement et simplement survivre.

Sous cet angle, je voudrais en profiter pour vous féliciter d'avoir tenu le coup jusqu'ici. Au point de vue de l'évolution, vous êtes un succès. Alors, poursuivez et donnez-vous une tape dans le dos parce que vous n'êtes pas mort.

Sérieusement, c'est un très grand succès. Il y a tellement de façons de trouver la mort sur cette terre et vous avez réussi à toutes les éviter, et parfois à plusieurs reprises. Votre esprit sait qu'il a fait un bon travail jusqu'à maintenant. Pour son objectif, il a obtenu un A+. Il a survécu chaque jour et il respire toujours. Savez-vous ce qu'il se dit? «Bien, je nous ai amenés jusqu'à ce point, alors ce que je dois faire est de continuer à travailler. Refaisons la même chose demain.»

Et lorsque vous essayez d'apporter un changement et de faire les choses différemment, votre esprit inconscient vous lance un gros NON de survie. «Pourquoi changer?» se plaint votre subconscient. «Nous respirons toujours, non? Contentons-nous du bonnet d'âne, j'aime cela.»

Conséquemment, vous commencez à vous sentir inconfortable parce que votre subconscient communique avec vous par des émotions. Et l'importance de demeurer bien collé, en sécurité, dans votre zone de confort, augmente.

C'est la raison pour laquelle si un ami vous offre de faire des sauts en *bungee*, votre subconscient réagira. À moins que vous soyez porté autant vers les sensations fortes que votre ami, vous déclinerez son invitation. De l'autre côté, si vous acceptez afin de ne pas passer pour un trouillard, votre subconscient s'efforcera de tout mettre en branle pour vous faire changer d'idée.

Avez-vous déjà eu les mains moites, la gorge sèche, les jambes molles et un urgent besoin de passer à la salle de bain, même si vous y aviez été vingt minutes auparavant ? Sans doute, car tout le monde a connu de tels moments. C'est la façon pour le corps de vous dire : « Cela ne me paraît pas la bonne chose à faire. Es-tu sûr que c'est une bonne idée ? »

C'est le dilemme entre la fuite ou le combat, cette réaction devant l'inconnu qui nous est si chère que nous la reproduisons dans des conditions qui ne sont pas nécessairement dangereuses, comme un rendez-vous galant, une entrevue pour un emploi ou un examen.

Si nous revenons à l'exemple du saut en *bungee*, qu'arrive-t-il si vous acceptez de sauter et que vous survivez ? Vous allez d'abord vous sentir fort, car vous aurez défié la mort. Peut-être aurez-vous une attaque au cœur lorsque votre corps arrivera au bout de l'élastique et qu'il remontera, mais présumons que non. Vous aurez probablement sécrété plus d'adrénaline que vous en avez besoin pour tout un mois, et un autre saut ne vous fera pas hésiter.

Supposons que vous ayez fait quelques autres sauts et que vous retournez ensuite à la maison en vous sentant le roi du monde.

C'est à ce moment que tout devient intéressant, car vous aurez appris à votre corps une leçon qu'il n'est pas prêt d'oublier. Vous lui avez appris que le saut en *bungee* est sans danger. La prochaine fois que l'on vous proposera cette activité, votre niveau d'appréhension sera beaucoup moins élevé et plus facilement contrôlable.

En ayant réussi à dépasser votre peur, et à sauter, vous avez élargi votre zone de confort, de sorte que le saut à l'élastique peut maintenant en faire partie. Ce qui est encore mieux, c'est que votre zone de confort restera élargie et vous donnera plus de latitude pour pratiquer des activités ou affronter des situations.

Évidemment, il peut y avoir des exceptions. Si au lendemain de votre activité, vous voyez dans le journal local une photo de l'un de vos amis empalé sur la pointe d'un rocher avec aux chevilles un bout de corde de *bungee*, votre zone de confort se rétrécira rapidement et considérablement.

Mais, en général, élargir votre zone de confort est une bonne chose parce que cela vous permet de vous libérer de restrictions qui peuvent vous empêcher de créer votre vie riche et heureuse.

Ce n'est pas agréable d'avoir peur de demander une augmentation de salaire, de parler en public ou de postuler un emploi. Cependant, chaque fois que vous vous poussez à dépasser vos craintes, cela devient de plus en plus facile. Peut-être que cela ne deviendra jamais une de vos situations favorites, mais l'important, c'est que vous ne soyez plus brimé par ces peurs.

En plus de l'évolution, il y a un deuxième élément qui rend le changement si inconfortable pour la plupart des gens. Le changement peut vous forcer à réévaluer vos croyances et les décisions qui en découlent. Parfois, ce processus est si douloureux que les gens refusent de changer, même s'ils le souhaitent. Voici un exemple qui exprime bien la résistance au changement :

Supposons que vous avez grandi en Russie au temps où le communisme régnait. Selon ce régime, on vous dictait ce que vous deviez croire et faire. Et si quelqu'un osait dire que le système n'était pas bon, vous aviez le devoir de le dénoncer pour qu'il soit réhabilité.

Un jour, vous entendez votre frère crier son désaveu du système. Vous n'arrivez pas à le croire. Vous aimez profondément votre frère, mais toute votre vie, on vous a encouragé à dénoncer ceux qui s'opposent au régime afin qu'ils soient réhabilités.

L'action de votre frère crée en vous un terrible conflit. Et comme votre frère poursuit et même accentue sa désapprobation du système, vous faites finalement ce que l'on vous a toujours appris et vous dénoncez votre frère – pour son bien et celui du régime.

Les autorités envoient votre frère en Sibérie et vous ne le revoyez plus jamais.

Puis, un jour, vingt ans plus tard, le régime tombe et le communisme cesse. Des personnes vous ont répété les mêmes choses pendant des années et des années, puis, du jour au lendemain, ces mêmes personnes vous disent que c'était une erreur, que le régime n'était pas bon et qu'il y a une meilleure façon de vivre en société.

Imaginez à quel point cela peut être troublant sur le plan émotionnel. Vous avez deux choix : vous pouvez changer et accepter le nouveau système, ce qui signifie que vous devez composer avec le fait que dénoncer votre frère et le faire expédier en Sibérie n'était pas vraiment la bonne chose à faire. Ou vous pouvez vous accrocher à l'ancien régime pour ne pas avoir à vivre avec la culpabilité de votre geste envers votre frère.

Le plaisir des éléments positifs du changement est en compétition avec la douleur qui accompagne l'acceptation du changement. Pour la plupart des gens, la douleur remporte le duel et ils s'agrippent si fortement à leur état actuel qu'ils ne parviennent jamais à accéder à une vie riche et heureuse.

Parfois, nos efforts pour changer sont sabotés ou partiellement anéantis par les gens qui nous aiment le plus.

À mesure que ce que vous voulez faire se précisera et que vous progresserez vers votre vie rêvée, attendez-vous à vivre à la fois de l'appui et de la résistance de la part des gens qui vous entourent. Cela peut sembler improbable pour vous de rencontrer de la résistance de la part des êtres qui vous aiment, mais c'est très souvent le cas.

En poursuivant vos rêves de vie, votre courage et votre attitude devant le changement mettront au défi les gens qui vous entourent et ces derniers se sentiront forcés de réfléchir à ce qui serait possible dans leur propre vie. Cela rend parfois les gens si mal à l'aise qu'ils essaient de saboter vos efforts.

Imaginez trois amis obèses partageant le même appartement. Ils parlent souvent de régime, d'exercice et de perte de poids, mais ils ne font rien pour changer leur condition. Un jour, l'un d'eux décide que, dans sa vie riche et heureuse, il doit s'occuper sérieusement de sa santé et de sa condition physique. Il commence à mieux s'alimenter, à faire de l'exercice et, évidemment, à perdre du poids. Il a une silhouette amincie et il se sent mieux.

Inconsciemment, les deux autres amis seront portés fort probablement à saboter ses efforts. Ils vont lui offrir des aliments faisant engraisser, vont l'inciter à faire autre chose que de s'entraîner et vont se moquer de lui et de ses idées de santé et d'entraînement.

Pourquoi ? Cela semble insensé que des personnes qui en aiment une autre agissent de la sorte. C'est pourtant parfois le cas.

En fait, la personne qui a perdu du poids et qui a amélioré son état de santé démontre aux autres que c'est possible à réaliser et, par conséquent, cela a responsabilisé les autres sur leur propre état. Ils ne peuvent plus blâmer qui que ce soit pour leurs conditions ni vivre dans l'illusion qu'il est impossible de perdre du poids.

Ils sont obligés de reconnaître que la situation, dans laquelle ils sont restés pendant des années et qui est peut-être le résultat d'occasions manquées ou d'événements malheureux, pourrait être différente. Cela peut être si douloureux à accepter et à gérer qu'au lieu de l'affronter, ils vont essayer de ramener leur ami dans leurs conditions.

Ce genre de scénario peut vous arriver si vous essayez de changer votre vie actuelle pour votre vie de rêves. Vous forcerez des gens autour de vous à réfléchir à leur propre vie et à leurs rêves. Ils réaliseront qu'ils sont ultimement responsables de leurs propres progrès ou de leurs insuccès dans l'atteinte de ces rêves.

La bonne nouvelle, c'est que vous recevrez en même temps des appuis insoupçonnés. Des personnes, souvent celles auxquelles vous n'auriez pas pensé, vont vous offrir des encouragements incroyables.

Pour ces gens, votre succès à créer votre vie rêvée leur servira d'inspiration pour en faire autant. Grâce à vous, ils s'ouvriront à la possibilité d'être riches et heureux à leur tour. Vous serez un Qui pour eux, simplement parce que vous aurez poursuivi vos rêves.

Dans le déroulement de ces scénarios, il est préférable pour vous de concentrer vos énergies sur les appuis que vous recevrez. Vous pouvez aider les gens qui vous critiqueront à comprendre leurs propres émotions et réactions, et vous pouvez essayer de les inspirer. Mais, s'ils maintiennent leur position négative, mieux vaut vous en éloigner. Au fond, ce n'est qu'un autre changement.

Avec le temps, ne soyez pas surpris de voir les personnes qui se sentaient menacées par votre succès devenir des appuis. Parfois, il faut du temps à certaines personnes pour se sentir confortables dans les changements.

J'ai récemment entendu une belle histoire à ce sujet.

Une jeune femme, Mary, avait décidé que trois semaines de sa vie riche et heureuse seraient consacrées à faire du bénévolat en Afrique. Le voyage auquel elle prenait part était commandité par l'université de sa ville et supervisé par un professeur qui avait lui-même séjourné en Afrique quelques fois.

C'était une grande aventure pour Mary. Elle avait grandi dans le Midwest américain et, sauf pour quelques vacances à Mexico et dans les Caraïbes, elle n'avait jamais quitté les États-Unis.

Ses parents, sa famille, ses amies et ses collègues furent scandalisés d'entendre les projets de Mary. Non seulement ils ne comprenaient pas pourquoi elle voulait aller là-bas, mais ils lui exprimèrent leurs pensées selon lesquelles elle n'avait pas ce qu'il fallait pour une telle aventure.

La situation se détériora lorsque des conflits éclatèrent dans la région africaine où Mary devait se rendre. Les étudiants changèrent d'idée, laissant seulement quelques adultes volontaires inscrits pour le voyage. Cette fois, les gens près de Mary étaient terrifiés.

Mary partit pour l'Afrique. Au début de son séjour, elle tomba très malade. Elle dut rester au lit durant deux jours et commença à penser que sa famille et ses amis avaient raison après tout. Peut-être n'était-elle pas faite pour ce genre d'aventure?

Après deux jours, Mary se portait mieux. En œuvrant avec les autres volontaires, elle se sentit incroyablement vivante. Elle eut l'impression d'avoir acquis de la maturité émotionnelle par son expérience. Elle décida de prolonger son séjour.

Lorsque Mary retourna chez elle et qu'elle partagea son expérience avec les gens qui ne voulaient pas qu'elle parte et qui ne croyaient pas qu'une telle aventure était faite pour elle, elle fut étonnée de leurs réactions. Les gens lui dirent qu'ils avaient toujours su qu'elle réussirait et qu'ils étaient fiers d'elle.

Mary constata aussi que certains d'entre eux avaient amorcé un processus de réflexion sur leurs rêves, maintenant qu'elle leur avait démontré qu'il était possible de réussir des choses extraordinaires.

Lorsque vous créerez votre vie riche et heureuse, les gens vont s'y opposer. Ils vous diront que c'est impossible. Ce qu'ils veulent dire, en réalité, c'est qu'ils ne savent pas comment faire ou qu'ils ont peur de faire comme vous. Ils sont victimes de la maladie du comment.

La meilleure chose que vous puissiez faire est de voir cette réaction pour ce qu'elle est vraiment et de ne pas en tenir compte. En cours de route, vous deviendrez leur antidote à la maladie du comment. Vous deviendrez un Qui incroyable.

Rappelez-vous toujours la citation suivante. Elle résume bien l'esprit de plonger dans votre vie riche et heureuse: « Ce n'est pas le critique qui importe; ce n'est pas celui qui décrit comment l'homme fort a trébuché ou comment il aurait pu faire mieux. Tout le mérite revient à celui qui est réellement dans l'action… » (Theodor Roosevelt)

CHAPITRE 22

Que ferait
James Bond ?

D ans votre quête d'une vie riche et heureuse, vous êtes à la fois le problème et la solution. Précisément, qui êtes-vous ?

Le fait que vous soyez conscient de la petite voix dans votre tête qui fait ses commentaires sur les événements au fur et à mesure de l'évolution de votre vie, signifie que vous êtes plus que votre corps physique. C'est un grand pas riche et conscient.

Pour la plupart des gens, chaque perception qu'ils ont d'eux-mêmes est une illusion. Cette illusion a débuté avant leur naissance et elle se perpétue chaque jour qu'ils laissent passer sans rien changer.

Peut-être étiez-vous l'un de ces enfants que l'on dit «lunatiques», «timides», «désorganisés» ou à qui on attribue d'autres qualificatifs qui s'enregistrent comme des croyances négatives. Adulte, vous pouvez vous surprendre à dire la même chose de vous-même aux autres. «Je suis trop timide pour parler à mon patron de mon intérêt pour ce nouveau poste» ou «j'aimerais essayer ce truc, mais je ne suis tout simplement pas un aventurier !»

Peut-être que la situation financière de votre famille, vos ancêtres, votre lieu de naissance, votre couleur de cheveux ou Dieu sait quoi sont les résultats d'un bombardement de stéréotypes, non seulement de la part des gens autour de vous, mais venant aussi de films, d'émissions et de publicités.

La bonne nouvelle, c'est que vous n'êtes pas la seule personne dans cette situation. À un moment ou à un autre, chacun a eu à subir les remarques d'une autre personne qui lui imposait qui ou qu'est-ce qu'il était ou qui ou qu'est-ce qu'elle pourrait devenir. Et c'est probablement arrivé plus d'une fois.

Vous devez savoir une chose importante : **les gens riches et heureux choisissent eux-mêmes qui ils sont et seront et ce qu'ils font et feront.**

Eh oui ! Vous devez choisir. Vous pouvez examiner tout ce que vous êtes et toutes les façons dont vous réagissez, et choisir ce que vous désirez conserver et ce que vous ne voulez plus.

Voici un exemple :

Chad a vécu dans un foyer non traditionnel. Ses parents ont divorcé alors qu'il était encore jeune. Sa mère a alors choisi un style de vie différent et a promené ses enfants à travers le pays, sans se préoccuper de la sécurité ou de la quantité nécessaire de nourriture sur la table chaque jour. Lorsque Chad était adolescent, le shérif se pointa à l'endroit où la famille résidait à ce moment-là et l'expulsa pour non-paiement du loyer. Incapable de fournir aux enfants tout ce dont ils avaient besoin, la mère envoya ses enfants chez leur père, qu'ils connaissaient à peine. Après quelques années, Chad est parti de chez son père pour vivre par lui-même.

On ne peut certes pas parler d'un environnement enveloppant pour croître et se développer. Selon Chad, cela a influencé son approche de presque tout. Même s'il essayait de le cacher, son monde intérieur était continuellement en état de peur et d'inquiétudes au sujet de ce qui pouvait arriver. L'une des conséquences était que la prise de décision était extrêmement stressante pour Chad, tout comme les relations sociales. La peur de dire ou de faire quelque chose d'incorrect le traumatisait et le paralysait.

Finalement, un jour, il eut un éveil de conscience. Il décida qu'au lieu d'accepter et de subir les émotions et les états physiques qu'il ressentait dans ses élans de stress et de peur, il allait choisir de vivre les choses différemment.

Dès lors, chaque fois que son niveau d'anxiété commençait à grimper, il se posait une question très simple, une question riche et heureuse : « Si j'étais James Bond, comment me sentirais-je et comment réagirais-je ? »

La réponse était instantanée : s'il était James Bond, il resterait calme, cool, en confiance, sûr de lui. Alors, il s'imaginait être James Bond et vivait les états attribués à ce personnage. Cette tactique a changé sa vie.

Chad a choisi de cesser de réagir selon l'illusion que les autres lui avaient imposée. À la place, il a choisi ses propres réactions et actions.

James Bond n'est peut-être pas le héros qui vous inspire le plus. Peut-être est-ce Lara Croft, Spiderman, un de vos anciens professeurs, un ami particulier, un parent, un personnage historique… Les options sont nombreuses. Ce peut être des gens réels, des gens décédés ou des personnages fictifs. Cela n'a pas d'importance. Tout ce qui compte, c'est que les attributs et les traits de personnalité de ce « héros » vous inspirent à agir comme lui et vous amènent à réaliser que vous pouvez être en contrôle de vos choix. La façon dont vous réagirez par la suite sera vraiment plus appropriée que celle d'auparavant, car elle reflétera vos choix.

C'est lorsque j'ai commencé ma quête d'une vie riche et heureuse que j'ai découvert cet aspect de la formule.

Je voyageais avec un collègue et nous discutions des autres personnes avec lesquelles nous travaillions. J'avais mentionné à quel point j'admirais une personne parce qu'elle semblait ne jamais se laisser abattre par les événements. Elle avait l'habileté de conserver son calme et une attitude positive en tout temps. J'avais regardé mon collègue et lui avait avoué à quel point je souhaitais être comme cette personne. Mon collègue m'avait alors regardé et avait lancé des mots qui ont changé ma vie : « Alors, fais comme elle. »

Aussi étrange que cela puisse paraître, c'était la première fois que je réalisais que j'avais le choix.

Vous souvenez-vous du chapitre sur les croyances ? Dans une situation donnée, alors que vous choisissez d'être James Bond, Lara Croft ou toute autre personne, rappelez-vous que nous démontrons nos croyances non seulement par les personnages que nous choisissons d'être, mais par toutes les histoires que nous choisissons de raconter.

Que vous y ayez pensé auparavant ou non, la vérité est que nous racontons tous des histoires. C'est ainsi que nous communiquons. Lorsque quelqu'un m'appelle pour me parler de *coaching*, j'écoute son histoire et je lui offre la mienne en échange. Parfois, c'est tout à fait banal. Par exemple, une personne m'appelle pour prendre un rendez-vous pour que je l'aide à gérer son stress et je lui réponds que je n'ai aucune plage horaire disponible avant deux semaines, parce que mon agenda est complet. Parfois, c'est plus complexe. Par exemple, un client me raconte parfois en détail à quel point il déteste son emploi, son patron et sa vie.

Non seulement vous racontez des histoires aux autres, mais vous vous en racontez à vous-même. Des histoires au sujet de votre malchance ou de votre faible valeur personnelle, des histoires racontant que vous n'êtes pas aimable ou pas suffisamment intelligent, des histoires d'échecs amoureux ou de victimes...

Toutefois, nos histoires sont vraies seulement si nous les rendons vraies en les croyant et en les revivant.

Imaginez que Steven Spielberg s'assoit avec vous devant un ordinateur et qu'il vous offre d'écrire le film de votre vie. Pas comme elle s'est déroulée, mais comme vous voudriez qu'elle soit à partir de maintenant. C'est votre chance d'écrire le script de votre vie. Qu'écririez-vous ?

Écririez-vous une histoire fascinante qui vous tient en haleine et dans laquelle vous vivez une vie riche et heureuse ? Ou copieriez-vous les mêmes vieilles séquences d'avant parce que c'est plus facile ?

La réponse doit être influencée par ce que vous désirez vraiment et non par ce que vous croyez mériter ou être capable de faire.

Il y a un livre de Joseph Campbell intitulé *Le Héros aux mille visages*. Dans cet ouvrage, Campbell décrit le «monomythe» ou ce que l'on appelle maintenant «le voyage du héros». Le voyage du héros est une aventure, un rituel de passage. Cette formule a été utilisée par plusieurs grands auteurs depuis des centaines d'années. Hollywood s'en sert régulièrement. La formule est d'ailleurs la structure de base de dizaines de films à succès, comme *Les aventuriers de l'arche perdue*, *La matrice*, *Le jour de l'indépendance*, *La guerre des étoiles*, *Harry Potter* et plusieurs films de Disney.

Et si vous utilisiez cette formule dans votre vie ? Si vous décidiez de vous asseoir et d'écrire votre scénario de vie sur une feuille blanche ? Si vous décidiez de croire réellement que le passé n'influence pas nécessairement le futur, à moins que vous ne le vouliez ?

Pensez aux possibilités infinies.

Le voyage du héros se fait en trois parties : le départ, l'initiation et le retour. Chaque étape peut être divisée à son tour jusqu'à obtenir un total de dix-sept sections, selon jusqu'à quel point vous voulez détailler l'histoire.

La seule règle est que vous devez toujours écrire une fin heureuse, ce qui, dans le cas qui nous concerne, est une fin riche et heureuse.

Le commencement

Le voyage commence alors que le héros est dans une situation où il n'est pas vraiment confortable dans sa vie. Il n'en est pas heureux. Peut-être vit-il par automatisme et lutte-t-il pour obtenir de l'argent ou peut-être est-il coincé dans un emploi sans issue qu'il déteste.

Êtes-vous pleinement satisfait de votre vie ? Au plus profond de vous, savez-vous s'il y a des changements que vous pourriez apporter pour créer votre vie de rêves ? Brûlez-vous du désir d'être riche et heureux ?

L'appel à l'aventure

Le héros est appelé à l'action. Quelque chose survient et lui fait prendre conscience qu'il doit agir.

Combien de fois avez-vous entendu cette voix à l'intérieur de vous répétant qu'il y a plus que cela dans la vie ? Vous avez ignoré combien d'appels à l'action dans votre vie ?

Le rejet de l'appel

Le héros refuse de répondre à l'appel, car il a peur de ne pas être à la hauteur.

Jusqu'à maintenant, vous avez rejeté l'appel à être riche et heureux. C'est pourquoi vous lisez ce livre. C'est en grande partie la peur et le manque de confiance qui vous retiennent.

Le mentor

Le héros est convaincu par un sage mentor ou professeur qu'il peut être ce héros et accomplir la mission. Le mentor peut être une personne réelle, une apparition, un personnage…

Bien sûr, vous ne connaissez peut-être pas tous les détails de votre future vie riche et heureuse, mais les graines de possibilités ont été semées. Pour votre aventure, pourvu que vous deveniez convaincu de pouvoir devenir la personne riche et heureuse que vous souhaitez être, qui ou ce qui vous a amené à cette conviction importent peu.

La traversée du seuil

Le héros est en route et il avance vers sa destinée.

Vous lisez ce livre, vous faites les exercices et vous commencez à croire que vous pouvez être riche et heureux. Excellent! Vous avez traversé le seuil.

Le ventre de la baleine

C'est l'étape où tout peut sembler au point mort. Le héros essaie de comprendre son nouveau monde. Qui sont ses alliés? Qui sont ses ennemis?

En adoptant de nouvelles pensées et en modifiant votre façon de voir la vie, vous vivrez peut-être une période de confusion. C'est l'étape où vous décidez qui est avec vous et qui est contre vous. Des amis et des parents peuvent être effrayés par les changements que vous apportez dans votre quête d'une vie riche et heureuse, parce que cela les place devant le fait qu'ils ne sont pas les personnes qu'elles rêveraient d'être. D'autres vont véritablement craindre pour vous et vous donner le conseil de conserver le statu quo *pour éviter des déceptions futures. Quelques-uns, que vous choisirez, vous encourageront et deviendront vos confidents pour le reste de votre voyage.*

L'épreuve

Vous connaissez bien cette partie dans les films. Le héros traverse une épreuve lors d'une scène de combat, que ce soit contre des envahisseurs extraterrestres ou lors d'un duel avec un dragon. Tous les tests ultimes sont imaginables.

Vous serez testé, soyez-en sûr, mais ne vous en faites pas. Vous n'aurez certainement pas à vaincre un dragon, et si jamais c'était le cas, vous feriez fortune sur You Tube. Mais, vous aurez peut-être à affronter de gens qui essaieront de vous ralentir ou vous aurez peut-être à affronter vos propres dragons intérieurs, à donner un discours devant un auditoire, à aborder un parfait étranger qui vous apparaît comme le Qui idéal, à soumettre le manuscrit d'un livre que vous avez toujours voulu écrire. Votre conviction sera mise à l'essai et vous triompherez.

La récompense

C'est habituellement l'étape où le héros reçoit une récompense souhaitée : un nouvel amour, une fortune, le saint Graal, etc.

Il n'y a plus de Graal, qu'il soit saint ou non. Alors, vous devrez vous contenter d'être riche et heureux !

J'ai délaissé quelques étapes à la fin, celles où le héros rentre chez lui puis rencontre le danger de nouveau, et tout recommence. Ce sera peut-être votre voie, peut-être pas. Mais, comme auparavant, vous triompherez.

Changer votre vie et décider de devenir riche et heureux est une aventure héroïque qui exige de puissantes croyances qui vous assurent que vous pouvez être le type de personne que vous souhaitez être et que vous pouvez vivre la vie que vous voulez.

Si votre histoire, qu'elle soit racontée par vous ou par les autres, ne vous plaît pas, il est temps de la changer. Vous pouvez suivre tout le plan du voyage du héros si vous voulez récrire votre histoire, mais à quoi bon, puisque vous êtes déjà passé à travers les premières étapes? Abordons les parties les plus agréables.

Commencez à écrire une formidable histoire dans laquelle évolue un héros brillant, étonnant, fabuleux: vous! Vous vivez la vie riche et heureuse la plus extraordinaire qui soit.

Si vous imaginez une partie de l'histoire qui vous semble irréaliste, changez cette croyance. Mettez à jour cette croyance, moquez-vous-en et rejetez-la, car elle est désuète et elle ne vous sert plus bien.

Maintenant que vous comprenez que vous avez la responsabilité d'écrire le scénario de votre vie, votre paradigme a changé. Vous réalisez dorénavant que vous pouvez vraiment avoir une vie riche et heureuse.

Si tout cela semble trop beau pour être vrai, inspirez-vous de l'histoire de Hugh Hefner, un homme qui, très jeune, a appris la puissance d'écrire sa propre histoire:

Enfant, Hugh Hefner avait un esprit très créatif. Il passait des heures à écrire des histoires détaillées et à créer des bandes dessinées. Durant son adolescence, il démarra plusieurs petits journaux pour lesquels il était rédacteur et éditeur. Il a même écrit et réalisé un film d'horreur d'une quinzaine de minutes dans lequel il a joué.

Hefner avait quelques amis intimes, mais en général, il était timide et renfermé dans un groupe de gens. L'excentrique et l'aventurier Hugh Hefner était un personnage qu'il s'était créé dans sa tête et dans ses histoires. Il n'était pas ainsi dans sa vie de tous les jours. Vers la fin de ses années au secondaire, Hefner eut le cœur brisé par une jeune étudiante qui l'intéressait beaucoup, mais qui invita un autre garçon à une soirée sociale.

Hefner était démoli. Il décida alors de mettre à profit sa créativité et il écrivit une nouvelle histoire racontant qui Hugh Hefner était et ce qu'il faisait. Le nouveau Hugh Hefner s'appellerait « Hef ». Il serait élégant, bon danseur et aurait un comportement suave. Comme Hefner le décrira plus tard, c'était un genre de Frank Sinatra, un gars très original avec son propre style.

Hefner fit plus qu'écrire la nouvelle histoire de sa vie. Il y crut, il commença à la vivre et le reste du monde finit par adopter la même vision. En quelques mois, il devint l'un des étudiants les plus populaires de son école, s'affirma comme un leader dans les cercles sociaux de l'école et fut élu président de sa classe la dernière année.

Hefner avait réalisé que sa vie était un film et que c'est lui qui dirigeait. Comme lors de l'écriture de ses histoires et la création de ses bandes dessinées, à titre de rédacteur et d'illustrateur de sa propre vie, Hefner avait à choisir le type de personne qu'il serait, les aventures qu'il vivrait et les gens qui l'entoureraient.

Un fait intéressant doit être cité. Dans un passage à vide de sa vie d'adulte, alors qu'il luttait pour trouver une fois de plus sa place dans le monde, Hefner retourna à son ancienne école. Cette visite le stimula et lui rappela la puissance dont il tira parti en écrivant sa propre vie. Cette expérience, neuf ans après sa graduation, lui servit de catalyseur et l'inspira à démarrer son propre magazine, ce qui finalement devint avec les années l'empire Playboy que tous connaissent aujourd'hui.

CHAPITRE 23

Je pense, donc je suis

Dans un chapitre précédent, précisément celui sur les valeurs, vous avez vu qu'en changeant votre langage, vous changez aussi comment vous vous sentez par rapport à des situations. Le simple fait d'ajouter le mot *encore* ou de modifier le temps de conjugaison peut s'avérer extrêmement puissant.

Allons plus loin et expliquons plus en profondeur le pouvoir réel du langage.

Quel impact, selon vous, peuvent avoir les mots que vous utilisez quotidiennement sur la qualité de votre vie et votre habileté à devenir riche et heureux ? Je parle ici des mots que vous utilisez pour converser avec les autres ou, plus important encore, pour vous parler à vous-même.

Sur une échelle de 1 à 100 (100 étant la plus grande influence), quel pointage donneriez-vous à l'influence que peuvent avoir les mots utilisés ?

Pensez-y avant de continuer à lire, parce que c'est une question que la plupart des gens ne se posent jamais.

Maintenant, lisez le texte suivant et essayez de visualiser que c'est un collègue qui vous raconte tout cela.

« Zut ! J'ai une semaine infernale. Demain, je dîne avec Judy parce qu'elle traverse une période vraiment difficile avec son salaud de mari. En réalité, je n'aurais pas dû accepter de dîner avec elle, car je suis débordé avec ce projet très important et urgent qui est arrivé sur mon bureau.

» Mercredi, je dois voir ma mère sur l'heure du midi, alors que je devrais plutôt aller au magasin échanger ces jeans que je viens d'acheter et qui ne me vont pas du tout.

» Jeudi, je dois être au gym à six heures trente. D'ici là, il faut que j'aie perdu quatre kilogrammes, car je l'ai promis à mon entraîneur. En plus, je dois m'occuper de réserver l'avion et l'hôtel pour notre voyage à Londres.

» Et je ne parle pas de vendredi qui est un véritable cauchemar. Je dois aller chez le vétérinaire avec le chien pour ses vaccins, nettoyer toutes les vitres de la maison, finir le repassage, m'occuper d'une initiative pour la paix et quitter la maison à dix-neuf heures parce que nous dînons avec des amis que je n'aime pas vraiment.

» Je te jure, il me faudra deux bouteilles de vin pour espérer tenir le coup. »

Si vous avez vraiment joué le jeu et que vous vous êtes visualisé dans cette scène, je peux dire sans me tromper que vous n'avez pas entendu ou vu une situation heureuse. La personne qui parlait devait avoir l'air misérable, car il est impossible de tenir un tel langage sans avoir l'air misérable. Et je peux aussi affirmer qu'elle devait avoir les épaules basses et une expression malheureuse, ennuyée, comme si on venait de lui annoncer que Noël était annulé cette année et que c'était sa faute.

Il est fascinant de constater que tout ce qui a créé la posture, les expressions et les lamentations de cette personne est le langage qu'elle a utilisé. Ce ne sont pas les événements, puisqu'ils ne sont pas encore survenus.

Il y a plusieurs points dans ce monologue qui sont néfastes. Pour l'instant, je veux me concentrer sur un seul aspect lié à la programmation neurolinguistique (PNL). C'est l'opération nécessaire.

La personne utilise abondamment les expressions «je dois» et «il faut». En elles-mêmes, ces expressions ne sont pas un problème. Il nous faut même les utiliser de temps à autre. Elles deviennent problématiques lorsqu'elles sont utilisées d'une façon inappropriée et à tout propos.

Le problème est, en fait, qu'elles briment le choix.

Lorsque vous dites que «vous devez» faire quelque chose, il n'y a alors plus d'autre option. C'est comme si quelqu'un d'autre contrôlait la situation à votre place. L'utilisation de ces expressions pour parler de choses qui ne sont pas réellement à faire, qui n'ont pas besoin d'être faites ou qui ne sont pas nécessaires vous met beaucoup de pression sur les épaules.

Vous en arrivez à vous sentir coincé dans un coin, sans issue possible. Cela peut avoir deux effets :

1. Vous faites ce que vous dites «devoir faire» et vous en ressentez un malaise.

2. Vous ne faites pas ce que vous dites «devoir faire» et vous en ressentez également un malaise.

Laissez-moi vous expliquer ma pensée. Supposons que vous pensez vraiment «devoir» aller au gym et que vous vous le répétez. Éventuellement, lorsque finalement vous aurez décidé de faire l'effort, vous serez dans un état d'esprit négatif. Vous maugréerez sans doute en vous rendant au gym, vous répétant à quel point vous détestez l'exercice physique en pensant à tous les points négatifs qui découlent de votre sortie au gym. Le résultat est que vous vous sentirez plutôt mal et que vous souhaiteriez être n'importe où ailleurs qu'au gym.

Allez-vous apprécier votre entraînement ? J'en doute fort.

L'autre solution est de ne pas aller au gym, mais il en résultera aussi des effets négatifs. Vous vous culpabiliserez de ne pas voir respecté votre promesse et vous aurez l'impression d'avoir abandonné une fois de plus.

Si vous vous répétez constamment que vous devez perdre du poids, arrêter de fumer, aller au gym, mais que vous ne le faites pas, croyez-vous que votre estime personnelle en sera ébranlée ? Assurément ! Vous pouvez même en venir à ne plus vous faire confiance. Pourtant, vous persistez à utiliser le même langage sans comprendre pourquoi vous vous sentez si moche et pourquoi vous n'êtes jamais capable de respecter vos intentions.

Vous pouvez changer ces scénarios négatifs en changeant les mots que vous utilisez. Cela vous aidera à voir différemment n'importe quelle situation.

La première étape est de reconnaître si vous utilisez ce type de langage restrictif. Commencez par demander à vos amis et à votre famille de vous le dire chaque fois que vous utilisez ces expressions. Les enfants et les adolescents excellent à ce petit jeu, car ils meurent d'envie de vous prendre en défaut. Et de plus, cela les aide eux-mêmes.

Au début, vous pouvez être surpris, même irrité, lorsque les gens vous le mentionneront, mais souvenez-vous que c'est pour votre bien. Ne leur en voulez pas !

En même temps, commencez à surveiller votre dialogue intérieur sur une base régulière. Écoutez ce que vous vous dites à vous-même. La plupart des dialogues intérieurs sont sur le plan de l'inconscient.

En devenant conscient, vous commencez à devenir plus soucieux des mots que vous utilisez. C'est alors, et seulement alors, que vous avez la possibilité de les changer. Il y a deux options.

Premièrement, vous pouvez vous servir de mots qui mènent à une réaction neutre. Au lieu de «je dois faire cela», dites «je vais faire ceci». C'est une phrase très simple qui n'a pas un impact négatif – ni positif d'ailleurs – sur votre psyché. Il n'y a pas d'épaules tombantes ni de grimaces de désagrément, juste l'acceptation de quelque chose qui va arriver.

L'autre option, meilleure celle-là, est de changer pour entrer dans un mode d'opération qui ouvre la porte aux choix et aux possibilités. Dans de telles phrases, on choisit des expressions comme «je choisis de…», «j'aime faire…», «je veux…», «je suis heureux de…».

En utilisant ces expressions, nous nous sentons mieux par rapport à l'action à faire, parce que nous reprenons notre contrôle. Essayez et vous verrez.

Choisissez «je veux aller au gym», «je choisis d'aller au travail», «j'aimerais acheter de nombreux exemplaires de *Riche et heureux* pour les donner à mes amis».

Sentez-vous comment votre énergie et votre état émotionnel changent?

Ne vous attendez pas nécessairement à être capable de faire un tel changement en un tour de main. Il faut parfois des années pour bien ajuster son langage. Mais, je vous garantis que si vous persistez, non seulement vous vous sentirez mieux par rapport à ce qui doit être fait, mais également par rapport à vous-même.

Vous commencerez à considérer comme réalisables les objectifs que vous pensiez difficiles ou impossibles. Les travaux deviendront des étapes souhaitées sur votre chemin vers la réalisation de vos buts.

Changer votre langage est la première étape pour changer votre expérience subjective de la vie.

Comprendre l'importance du langage vous donne une longueur d'avance sur des millions de personnes. Vous vous en rendrez compte lorsque vous observerez les mots que les autres utilisent.

Passons à l'autre chapitre dans lequel je vous enseignerai l'un des plus puissants outils pour devenir riche et heureux: le «repositionnement».

CHAPITRE 24

Changez de point de vue !

Changer de point de vue est un procédé qui nous permet d'observer une situation et, sans en modifier le contenu, de changer le contexte de façon à ce qu'elle nous renforce.

Il ne s'agit pas d'essayer de faire en sorte que tout ressemble à un jardin de roses. Ce n'est pas non plus prétendre que les choses ne pourraient pas être mieux et ce n'est certainement pas se forcer à afficher sur son visage un sourire forcé. C'est plutôt prendre une situation négative – n'importe laquelle – et parvenir à la voir d'une manière différente et qui renforce.

On m'a déjà fait le commentaire suivant sur mon blogue et je vous le transmets parce qu'il correspond à une façon typique qu'ont les gens de réagir la première fois qu'on leur parle de repositionnement : « Si je suis happé par une auto, je ne vais pas penser à comment je pourrais me repositionner par rapport à l'événement. Je vais probablement être plus préoccupé à savoir si je vais remarcher ou non. »

Le repositionnement ne signifie pas dans ce cas que vous ne serez pas préoccupé par le fait de marcher de nouveau. Cela ne signifie pas d'arriver à l'hôpital, après vous être blessé, avec un grand sourire au visage, en traînant votre jambe tordue derrière vous en avisant joyeusement les infirmières : « Ne vous inquiétez pas, tout ira bien. Au moins, ce n'est pas la jambe avec laquelle je frappe le ballon. Ah ! et ne vous inquiétez pas pour le sang partout, car le concierge me suit. Ouf, j'ai été chanceux que ce ne soit pas son jour de congé ! »

Cela signifie seulement que dans toute situation, vous pouvez choisir d'adopter une vision globale positive. Cette attitude a d'ailleurs été étudiée par des chercheurs qui ont démontré qu'elle avait un impact positif sur le processus de guérison et sur le maintien de la santé.

Vous n'êtes pas obligé d'être positif, mais pourquoi ne le seriez-vous pas?

Bien sûr, vous pouvez être déprimé pendant quelque temps. Cela arrive à tout le monde. En fait, c'est même recommandé d'exprimer cet état. Toutefois, si vous persistez dans un état négatif, si vous maintenez une attitude négative devant les événements, non seulement vous ne vous aidez pas, mais vous contribuez réellement à détériorer encore plus la situation.

La leçon est la suivante: lorsqu'une situation apparemment négative survient, trouvez une façon de vous repositionner afin d'avoir une vision positive.

Voici quelques exemples de repositionnement qu'aurait pu utiliser la personne ayant subi un accident:

- Je vais prouver au docteur qu'il se trompe quant à la durée de ma réhabilitation.
- Je vais démontrer que j'ai du cran.
- J'ai du temps pour lire plus puisque je dois rester des heures au lit.
- J'ai un mois de convalescence loin du bureau et je vais en profiter pour penser à ce que je veux vraiment faire de ma vie.
- Je vais avoir l'occasion de rencontrer de belles personnes parmi le personnel médical.
- Je vais pouvoir aller au gym gratuitement pour ma réhabilitation.

Tous ces changements de point de vue auraient aidé la personne à se sentir mieux plutôt qu'à rester dans un état de victime en se répétant: « C'est terrible, ce n'est pas juste, cela n'aurait pas dû m'arriver. »

Est-ce que le repositionnement aurait aidé la personne à se porter mieux et à sauter dans le corridor ? Probablement pas. Et ce n'est pas le but. Pourvu que le repositionnement transpose la concentration dans une vision qui peut être aidante, c'est ce qui compte.

Des chercheurs ont interviewé des gens qui ont affronté des maladies mortelles, des faillites et d'autres événements dramatiques. Ils ont découvert quelque chose d'étonnant. Une fois que les personnes ont traversé une expérience difficile, elles affirment qu'elles ne changeraient rien à ce qui s'est passé, même si c'était possible.

Lorsque l'on a demandé à ces personnes si elles souhaitent modifier quelque chose afin d'éviter le tragique événement – si on leur donnait la possibilité –, elles ont presque toutes répondu non sans hésiter.

L'exemple de l'un des plus grands cyclistes au monde le confirme :

Lance Armstrong a connu l'enfer lorsqu'on lui diagnostiqua un cancer des testicules avec des métastases aux poumons, à l'abdomen et au cerveau. On lui donnait moins de 50 % de chances de survie.

Non seulement Armstrong a survécu, mais il a remporté un septième tour de France. Lorsqu'on lui demanda s'il aurait espéré ne jamais avoir eu le cancer, il répondit que la maladie l'avait rendu plus fort et qu'elle avait fait de lui une meilleure personne. Il n'aurait pas voulu changer quoi que ce soit à ce qui s'est passé.

Bien que certaines personnes soient naturellement habiles pour le repositionnement, la plupart des gens auront besoin de temps et d'exercice pour le maîtriser, mais tout le monde peut y parvenir.

Et la bonne nouvelle, c'est que le repositionnement fonctionne toujours.

Si vous êtes vraiment sérieux dans votre désir d'être riche et heureux, le repositionnement est un outil que vous utiliserez à chacune des occasions.

Prenez un moment pour exercer le repositionnement.

Quels sont les trois aspects de votre vie qui vous rendent actuelle-ment malheureux et qui peuvent être considérés comme des faits et non comme des croyances ?

Voici quelques exemples pour différencier les faits des croyances :

Je dois trois mille dollars. (Fait)
Je suis mauvais pour gérer l'argent. (Croyance)

Je ne trouve pas mon emploi actuel agréable. (Fait)
Cet emploi est emmerdant. (Croyance)

Voici quelques exemples de repositionnement en rapport avec les faits précédents :

- Au moins, mes dettes ne sont pas plus élevées que trois mille dol-lars et j'ai un emploi pour m'aider à les rembourser. Bien des gens sont dans des situations pires que la mienne.

- S'il le faut vraiment, je peux vendre mon automobile pour rem-bourser mes dettes ou les diminuer. Peu importe, je passerai à travers.

- Être dans cette situation m'a appris une leçon et j'ai l'intention dorénavant de mieux gérer mon argent.

- Au moins, j'ai un emploi. Il est toujours plus facile de se trouver un emploi en travaillant déjà.

- Cet emploi me rappelle de ne pas me contenter d'un emploi de second ordre. Lorsque je changerai, je vais trouver un emploi beau-coup plus enrichissant.

- Que puis-je faire pour rendre mon emploi plus agréable ?

Maintenant, repositionnez-vous par rapport à vos situations. Le repositionnement n'a pas à être l'idée du siècle, même si c'est tant mieux si ce l'est. S'il peut simplement vous aider à réaliser que les choses ne sont pas aussi mauvaises qu'elles le semblent et que vous avez l'option de les considérer sous un angle nouveau, alors c'est un bon départ.

Votre situation actuelle	Le repositionnement

Alors, comment s'est passé le repositionnement ? Facile ? Fantastique ! Difficile ? Alors, vous avez plusieurs occasions de vous améliorer ! Est-ce que je viens de vous repositionner ? Bien sûr. Poursuivez, le processus devient plus facile avec la pratique.

Le psychiatre Gordon Livingston est l'auteur du livre *Too Soon Old, Too Late Smart*. Dans ce livre, Livingston explique comment il a perdu ses deux seuls fils en moins de treize mois. L'un est mort de la leucémie et l'autre s'est suicidé. C'est une terrible perte pour tout être humain. Pourtant, Livingston est parvenu à changer son point de vue.

Son repositionnement fut le suivant : « Au moins, mes fils n'auront pas eu à m'enterrer. »

Est-ce que cette attitude l'a soulagé de sa peine ? Absolument pas !

Quinze ans après les événements, il ressent toujours une intense douleur. Néanmoins, en identifiant un point positif, il s'est permis de poursuivre sa vie et d'arrondir quelque peu les pointes acérées de ces événements dramatiques.

CHAPITRE 25

Qui contrôle votre esprit ?

Dans ce chapitre, vous découvrirez deux puissants outils pour devenir riche et heureux qui, lorsque vous les maîtriserez, vous permettront de changer votre approche devant n'importe quelle situation.

Si vous êtes craintif, vous pouvez devenir confiant. Si vous êtes léthargique, vous pouvez devenir motivé. Si vous avez tendance à la procrastination, vous pouvez passer à l'action.

Le subconscient ne fait pas de distinction entre les faits et la fiction, entre les événements réels et ceux qui sont imaginaires, entre le passé, le présent et le futur. Tout ce à quoi vous pensez, il le considère comme vrai et accompli en temps réel. Les gens riches et heureux ont appris à se servir de cette puissance incroyable. Le reste de la population ne contrôle pas cette puissance et en subit les conséquences.

Si vous vous concentrez sur des pensées positives, vous obtenez des émotions, des sentiments et des résultats physiques positifs. Cela n'a pas d'importance si ces pensées sont des souvenirs, des projections d'un futur imaginé ou votre perception des événements que vous vivez à ce moment-là.

Si vous vous concentrez sur des pensées négatives, vous obtenez des émotions, des sentiments et des résultats physiques négatifs. De nouveau, cela n'a aucune importance si ces pensées sont des souvenirs, des projections d'un futur imaginé ou la perception des événements que vous vivez à ce moment-là.

Le philosophe Mark Twain l'avait exprimé ainsi : « Je suis un vieil homme et j'ai connu bien des tourments, mais la plupart d'entre eux ne sont jamais arrivés. »

Cette citation de Mark Twain renferme une grande vérité. Vous possédez la capacité de changer votre réalité en utilisant votre esprit.

Lorsque vous pensez, quelque chose se passe dans votre tête. Vous formez des images et vous entendez des dialogues qui produisent des émotions et des sensations physiques. Si vous changez les images et les paroles dans votre tête, vous changez l'orientation de l'expérience que vous vivez, sans avoir à la changer réellement de l'extérieur.

Voici un exemple. Si je vous demande de me parler de vos vacances les plus extraordinaires, vous passez par un certain processus de la pensée avant de répondre. Ce processus se déroule extrêmement rapidement. En fait, il se déroule si rapidement qu'il est peu probable que vous l'ayez noté sur le plan conscient.

D'abord, vous allez former une image dans votre esprit, entendre une ou des voix dans votre tête et puis ressentir une agréable émotion liée à ce que vous avez vécu. Vous allez peut-être aussi recréer des goûts et des parfums que vous associerez à vos vacances. D'une façon ou d'une autre, vous allez rapidement rayonner de joie en décrivant ces vacances.

Mais, supposons que cela me dérange de vous voir aussi heureux et que je souhaite vous ramener à un autre niveau. Je vous lance un truc du genre : « Parle-moi encore de la façon dont ton chien s'est fait écrabouiller par le camion à ordures tout juste après que tu l'aies fait opérer par le vétérinaire pour une blessure à une patte ? »

Votre état changera en un clin d'œil. Vous redescendrez sur terre plus vite qu'un gars qui saute d'un avion, et ce, sans parachute !

En une fraction de seconde, vous visualiserez probablement votre chien aplati sur le bitume, le bandage encore à la patte. Vous entendrez dans votre tête votre propre voix tremblante de chagrin et ressentirez votre colère envers le conducteur du camion qui n'a même pas remarqué le « drame » qu'il avait causé. Vos pulsations cardiaques vont s'accélérer, l'adrénaline envahira vos veines et des larmes peuvent même couler de vos yeux.

Pourtant, en réalité, ces deux événements ne viennent pas d'arriver. Ce ne sont que des souvenirs, mais votre subconscient les considère comme réels.

Et c'est là la beauté de tout cela. La personne que vous êtes actuellement, incluant les croyances que vous entretenez, est le reflet de vos perceptions de toutes vos expériences passées.

Si vous utilisez les techniques de ce chapitre, vous pouvez retourner dans le temps, changer vos perceptions et remodeler vos croyances.

En voici un exemple :

De l'extérieur, Charles était un modèle de succès. Il excellait dans ses études, obtenait de bons résultats dans les sports et, en général, semblait très bien se tirer d'affaire.

Par contre, il s'agissait des apparences. Intérieurement, c'était une tout autre histoire. Il ressentait constamment la peur de l'échec et la peur du succès. Il n'en était pas conscient, mais cela se reflétait dans son comportement et ses émotions. Parce qu'il craignait l'échec, il ne s'engageait que dans des activités dans lesquelles il estimait pouvoir performer. Il déclinait les autres offres, même les plus banales, comme jouer à un jeu de société qu'il ne connaissait pas.

Dans les sphères où il était bon, il poursuivait le succès jusqu'au point où l'avenir devenait incertain. Il savait intuitivement qu'au moment de passer de « très bon » à « excellent », il y avait un risque d'échouer. Alors, il s'arrangeait pour réussir jusqu'à ce stade, mais sa peur du succès et de l'échec prenait le dessus, et il refusait d'aller plus loin.

Ce comportement se reflétait dans tous les domaines de sa vie, incluant les relations personnelles. C'était un facteur important qui l'empêchait d'être riche et heureux.

Un soir, alors qu'il voyageait en train pour ses vacances, il s'est étendu, seul et silencieux. Tandis que les kilomètres de rails défilaient sous lui, il repassa dans sa tête différentes scènes de sa vie. Il revit toutes les fois où il avait échoué et toutes les occasions d'exceller qu'il refusa. Il se demanda pourquoi toutes ces images lui revenaient en mémoire. À cet instant, un autre souvenir lui revint.

C'était un événement survenu alors qu'il n'avait que cinq ou six ans. Il vit son père lui demander d'aller dans l'atelier pour lui rapporter des pinces particulières dont il avait besoin. Selon son père, elles devaient se trouver sur l'une des tablettes au fond de l'atelier. Le petit garçon pénétra dans l'immense atelier et chercha les pinces. Malgré tous ses efforts, il ne les trouvait pas. Il savait que s'il revenait vers son père sans les pinces, ce dernier serait furieux et crierait.

Le désordre régnait dans l'atelier, jusque sur les tablettes. Le petit garçon eut beau chercher dans le fouillis, il ne trouvait toujours pas les pinces et son anxiété grandissait. Il finit par s'accroupir aux pieds des étagères. Il avait les larmes aux yeux et il était effrayé. Il n'avait pas trouvé les pinces. Il savait qu'il allait devoir sortir de l'atelier et le dire à son père. Mais, il savait aussi ce qui suivrait.

Finalement, il se décida à sortir et à avouer à son père qu'il n'avait pas trouvé les pinces. Comme prévu, son père se mit en colère. Il hurla, claqua les portes et fit irruption dans l'atelier dans un élan de colère. Plusieurs minutes plus tard, après avoir remué toutes sortes d'outils, le père sortit promptement de l'atelier. Il n'avait pas trouvé lui non plus les pinces, car elles n'étaient pas dans l'atelier. Elles étaient dans le garage où il les avait laissées la dernière fois.

Le père du garçon n'était pas du genre à s'excuser. Il aimait son garçon, bien sûr, mais il lui démontrait autrement. Après un événement comme celui-là, il était du genre à amener toute la famille chez le marchand de crème glacée. C'était sa façon à lui de dire : « Je suis désolé. » Mais, dans l'esprit du petit garçon, ce n'étaient pas des excuses.

Tandis que Charles était étendu dans le train et revoyait la scène de son enfance se dérouler dans son esprit, il la revécut. Cette fois, il la revécut avec la perception d'un homme de 31 ans. Il fit l'expérience de cet épisode *de son enfance à la fois avec ses yeux de petit garçon et selon le point de vue d'un observateur extérieur. Et il comprit alors à quel point cet événement l'avait programmé à n'entreprendre que les choses qu'il était sûr de réussir. Il avait depuis vécu entre la peur du succès et la peur de l'échec.*

Charles réalisa aussi que l'événement ne représentait qu'un tout petit moment de sa vie, un moment où personne n'avait eu de mauvaises intentions. Il comprit que son comportement actuel avait été déterminé par une réaction émotive d'un garçon de cinq ans, une réaction appropriée à l'époque, mais qui ne l'était plus maintenant. Avec cette prise de conscience, son comportement changea instantanément. En une fraction de seconde, sa peur s'était évaporée.

En utilisant le pouvoir de son subconscient pour revoir son passé et le réévaluer selon sa vision actuelle, Charles transforma littéralement ses croyances et les aligna sur une vie riche et heureuse.

Vous possédez vous aussi ce pouvoir.

Dans l'exercice qui suit, vous verrez comment l'utiliser. Cependant, il y a quelques notions à comprendre avant de commencer :

1. Ce n'est pas une technique pour modifier ce qui s'est passé. C'est le contexte que vous modifiez. Ce qui s'est passé demeure, mais ce que nous pouvons contrôler, c'est la façon dont nous le percevons et comment nous y réagissons.

2. Quelques personnes ne sont pas capables de recréer les images et sons à l'intérieur d'elles-mêmes, comme je l'ai décrit précédemment. Si vous êtes de ce nombre, utilisez les autres méthodes que j'expliquerai plus loin. Gardez en tête cependant que vous êtes peut-être capable de recréer les images et les sons, mais que vous manquez de « pratique ».

3. Nous sommes tous différents, et nos expériences varient. Je vous en prie, ne faites pas de suppositions avant d'avoir fait l'exercice de recoder vos expériences, jusqu'à ce que vous les ayez réellement revécues.

4. Cet exercice donne de meilleurs résultats s'il est fait avec un partenaire. Cela vous aidera à vous détendre et à fermer les yeux. Écrire vous-même les informations n'est pas recommandé, puisque chaque fois où vous ouvrez les yeux, vous sortez de votre visualisation. Il est plus facile de dire à haute voix ce que vous voyez, ressentez et vivez, et d'avoir quelqu'un pour le transcrire.

J'ai déjà fait cet exercice avec un homme qui était intimidé par son patron. Je l'ai amené à décrire une expérience lorsqu'il n'était pas intimidé par quelqu'un, puis à décrire l'expérience lorsqu'il pensait à son patron. Chaque fois qu'il pensait à quelqu'un devant qui il n'était pas intimidé, il les regardait dans les yeux, d'égal à égal.

Mais, lorsqu'il pensait à son patron, il voyait ce dernier le regarder de haut. Inconsciemment, cet homme plaçait son patron sur un piédestal et le voyait comme s'il était un géant. Qui n'aurait pas été intimidé dans un tel cas?

Lorsqu'il parvint à visualiser son patron d'égal à égal, le sentiment d'intimidation disparut comme par magie.

Voici donc le déroulement du processus:

1. Pour commencer, la personne qui désire apporter un changement de perception ferme les yeux. Si elle s'adresse à une personne en particulier – ou si cela concerne une situation précise –, elle doit absolument apporter l'image de cette personne – ou de cette situation – dans son esprit avec le plus de détails possible. Elle doit voir, entendre et ressentir ce qui s'est passé comme si elle le vivait vraiment de nouveau. Elle doit incorporer aux images toutes les odeurs, tous les goûts ou toutes les autres sensations qui intensifient l'effet de la visualisation. Si la personne désire travailler sur un aspect plus nébuleux (comme la peur vue précédemment), elle se servira de la voix dans sa tête pour préciser ce qu'elle souhaite améliorer (par exemple, la peur de l'échec). Puis, elle doit se détendre et laisser son subconscient ramener à son esprit les visions, les sons et les émotions qui y sont reliés.

Si la personne qui cherche doit affronter un souvenir particulièrement difficile, elle doit savoir avant tout qu'elle peut ouvrir les yeux à n'importe quel moment pour revenir à un environnement sécurisant. Si quelqu'un est véritablement troublé par un souvenir, il ne lui est pas conseillé de procéder à cet exercice, car pour que ce soit efficace, il faut recréer la même émotion que l'expérience originale, ce qui serait alors trop troublant.

En plus de noter les réponses de la personne qui revit l'expérience, le partenaire doit aussi poser des questions au sujet des images, des sons et des émotions que la personne décrit. Il doit l'aider à donner le plus de détails possible. Il est important qu'elle réalise que les détails sont effectivement dans sa visualisation. Parfois, le partenaire devra demander à la personne de ralentir sa visualisation afin de ne pas manquer les détails et de bien faire ressortir les émotions.

2. À moins qu'elle soit très auditive, la personne aura plus de difficulté à recréer les sons et les voix qu'à laisser monter les images. C'est normal. Elle doit garder les yeux fermés, se donner du temps et rester à l'écoute de tout ce qu'elle peut percevoir. Si la personne doute de pouvoir entendre les voix, le partenaire doit lui demander de cesser tout dialogue intérieur pour vingt secondes. Cela permet généralement de porter attention à des sons (voix) qui n'étaient pas remarqués auparavant.

3. Quand la personne a complété tout le processus, elle doit sortir immédiatement de son état et revenir au moment présent. Pour l'aider, le partenaire peut lui poser une question ridicule : «Qui est le plus séduisant entre Brad Pitt et l'auteur de *Riche et heureux* ?» (Croyez-moi, une telle question sortira la personne de son état).

4. Une fois sortie de son état de visualisation, la personne doit s'accorder quelques instants pour revenir à un état normal et poursuivre (si la comparaison avec Brad Pitt est utilisée, cela pourrait prendre plus de temps avant qu'elle revienne à un état normal !).

5. La personne doit ensuite entrer dans un état de relaxation. Mais, cette fois, elle devra visualiser la scène en se sentant comme elle aurait voulu se sentir lors de l'événement réel. Par exemple, si l'événement original était la peur de s'adresser à une foule, elle a probablement revécu une scène où elle était devant une foule et en avoir ressenti toute l'angoisse que cela lui apportait. Maintenant, elle doit visualiser un événement semblable, mais au cours duquel elle est confiante, pleine d'assurance et sans peur. Cela peut aussi être la visualisation d'un échange avec quelques personnes ou un souvenir d'un épisode où elle exprimait l'état qu'elle souhaite ressentir. Ce n'est pas obligé d'être le même événement ou un événement réel. Elle peut en inventer un. Elle doit avant tout s'assurer de rester suffisamment longtemps dans la visualisation de l'événement pour permettre aux sentiments qu'elle souhaite développer de naître et de devenir forts.

Lorsque le partenaire a suivi le processus, a aidé la personne jusqu'au bout et lui a posé les questions au besoin, il doit de nouveau aider la personne à revenir au moment présent. Le même truc de poser une question ridicule peut être utilisé.

La personne aura alors deux expériences différentes à comparer. À travers elles, la personne doit chercher les lignes directrices sous-jacentes. Ce sont les points qui modifient radicalement l'expérience lorsqu'ils sont changés.

Ce peut être que l'expérience négative était en noir et blanc alors que la positive était en couleurs. Un événement peut être une image fixe et l'autre, un film. Les images d'un événement peuvent être éloignées et celles de l'autre, rapprochées. Il peut y avoir une seule ligne directrice ou plusieurs.

Une fois que les différences ont été identifiées, c'est le moment d'ajuster positivement l'expérience.

La personne doit de nouveau entrer dans un état de détente et ramener à sa mémoire l'événement négatif. Elle doit aller en profondeur dans cet événement et ressentir le plus possible ce qu'elle a vécu alors.

Le partenaire l'aide alors à ajuster l'expérience.

Imaginons qu'en comparant ses deux expériences, une personne obtient la liste ci-dessous. J'ai volontairement exagéré les informations de cet exemple. Il est possible que les différences soient aussi nombreuses, mais souvent il n'y a qu'une ou deux variations, et parfois aucune.

	Événement négatif	Événement positif
VISUEL		
En couleurs ou en noir et blanc	En noir ou blanc	En couleurs
En mouvement ou fixe	Fixe	Fixe
Lumineux ou sombre	Plutôt sombre	Lumineux
Précis ou flou	Flou	Précis
Vision réduite ou panoramique	Réduite	Panoramique
2D ou 3D	2D	3D
Location dans l'espace	Niveau des yeux	Niveau des yeux

Avec ces résultats, le partenaire essaie de rendre l'expérience négative similaire à celle qui est positive.

Voici un exemple de ce qu'il pourrait faire :

Partenaire : « Je veux maintenant que tu mettes de la couleur sur l'image sans en changer le contenu, un peu comme si tu ajustais les couleurs d'une vieille télé. Comment te sens-tu par rapport à la situation ? Est-ce mieux ou pire ? »

Personne : « Un peu mieux. »

Partenaire : « Et si tu augmentes la luminosité de la couleur pour la rendre plus vivante ? »

Personne :   « Je crois que c'est un peu mieux. »

Partenaire : « D'accord. Et si tu essaies d'améliorer la précision de l'image ? Est-ce que cela modifie les sensations physiques ? »

Personne :   « Cela ne fait aucune différence. »

Partenaire : « Qu'arrive-t-il si tu te défais de la vision réduite et que tu transformes l'image en format panoramique ? »

Personne :   « C'est beaucoup mieux. »

(Ce changement significatif indique que l'élément est une ligne directrice majeure.)

Partenaire : « Et si tu essayais d'augmenter la profondeur de l'image pour la rendre en 3D ? »

Personne :   « C'est pire, il me semble. C'est un peu plus intimidant. »

Partenaire : « Pas de problème, tu peux simplement revenir lentement à une image 2D. »

La liste complète doit être travaillée ainsi, en changeant un élément à la fois, jusqu'à ce que la personne ressente quelque chose de positif, ou du moins de neutre. Dans l'exemple ci-dessus, une série de lignes directrices possibles étaient suggérées. Vous pouvez en obtenir une liste plus exhaustive au *www.richandhappy.com* (en anglais seulement).

Si un changement proposé rend la personne encore moins confortable (comme ce fut le cas dans notre exemple), le partenaire doit proposer de nouveau le changement une fois que tous les changements positifs ont été apportés. Parfois, la clé réside dans la séquence, et ce qui avait produit une réaction négative au départ peut s'avérer positif lorsque tous les autres éléments ont été ajustés.

Évidemment, si le même effet négatif se répète à la seconde tentative, ce changement doit tout simplement être laissé de côté.

Le partenaire doit porter son attention non seulement à ce que dit la personne, mais également à ses réactions physiques. La personne peut dire que rien n'a changé, mais son langage corporel peut indiquer le contraire. Dans un tel cas, le partenaire doit essayer de clarifier ce point.

Si une personne mentionne avoir de la difficulté à ajuster les couleurs, le volume des voix, la dimension de l'image ou tout autre point, le partenaire doit se contenter de lui dire : « C'est correct, fais seulement semblant que tu le peux. » Généralement, c'est suffisant pour régler la difficulté. Cependant, le partenaire devra faire preuve de patience envers la personne.

Parfois, il suffit de faire l'exercice une fois et le changement s'effectue pour de bon. En général, le changement ne semble pas durer et la personne a besoin de refaire l'exercice. Le processus est alors généralement plus facile, car la personne sait déjà comment elle se sent dans l'expérience positive.

Comment cet exercice peut-il vous aider à devenir riche et heureux ? Les possibilités sont aussi variées que vous le permet votre imagination. En voici quelques exemples.

Il peut vous aider à passer de l'anxiété à la confiance personnelle avant de faire une présentation importante. Il peut vous aider à passer d'un état défaitiste et pessimiste à un état d'espoir devant les obstacles. Il peut vous aider à ne plus avoir peur devant de nouvelles aventures ou avenues. Il peut vous aider à passer de la colère au calme lorsque quelque chose vous énerve.

Je vous encourage à réfléchir à toutes les circonstances où vous pouvez utiliser cet exercice.

Cela dit, laissez-moi vous mettre en garde. Ajuster vos lignes directrices n'est pas conseillé dans toutes les circonstances. Il y a des occasions où l'état dans lequel nous sommes est parfaitement adapté à ce que nous vivons, par exemple la peine lors du décès d'un être cher ou un certain trac avant un examen important.

Cet exercice doit être fait lorsque votre esprit et votre corps réagissent d'une façon nuisible ou même débilitante pour vous.

En début de chapitre, je vous ai parlé de deux puissants outils. Nous venons de voir le premier. Passons maintenant au suivant. C'est un outil aussi puissant que le premier, plus simple et souvent méconnu des gens en général.

On appelle cet outil l'ancrage.

Imaginez que vous marchez dans la rue. Vous passez devant une boulangerie et l'odeur du pain frais vous envahit. En quelques instants, vous êtes transporté dans un autre temps, à un autre endroit. Vous retournez dans votre jeunesse et vous vous revoyez marcher jusqu'au terrain de balle pour passer un après-midi de jeux et de rires avec vos amis. Vos vacances d'été venaient tout juste de commencer et vous étiez joyeux et heureux. Tout semblait parfait.

Simplement le fait de sentir l'odeur du pain frais vous a rendu plus léger, et vous vous dites à quel point c'est bon d'être en vie.

Imaginez-vous maintenant conduisant sur l'autoroute alors qu'une chanson particulière débute à la radio. Votre ex-conjoint et vous aviez toujours eu l'impression que cette chanson avait été écrite pour vous. Lorsque vous l'entendiez, à cette époque, vous aviez tous les deux les larmes aux yeux et les genoux qui faiblissaient. Vous plongiez l'un et l'autre dans vos regards langoureux en écoutant inlassablement cette chanson.

Malheureusement, ce conjoint (ou conjointe évidemment !) est parti avec votre meilleure amie, il y a à peine une semaine, pour vivre dans les Caraïbes. La blessure est encore vive. Après tout, ils ont apporté le chat, votre collection de disques et une bonne partie de votre dignité. Alors que la chanson bat son plein, vous devez garer l'automobile sur l'accotement parce que vous pleurez trop.

La réalité, c'est que rien de tout cela ne s'est passé dans l'instant où vous les avez imaginés. Deux situations différentes en pensée, mais vous étiez toujours ici, le même jour, portant les mêmes vêtements lors de ces deux visualisations. Pourtant, vos états d'âme et vos émotions ont changé en un instant.

C'est ce que l'on appelle en langage neurolinguistique des ancrages, ou en psychothérapie, des réactions conditionnées. C'est la réaction physiologique et émotionnelle à quelque chose.

Vous transportez des centaines d'ancrages avec vous, que vous en soyez conscient ou non. Certains sont bénéfiques, d'autres non.

Les agences de publicités et de *marketing* raffolent des ancrages. Elles essaient constamment de relier leurs produits à des ancrages positifs. Les courtes mélodies accrocheuses dans les publicités sont des ancrages, tout comme le mannequin à moitié nu étendu sur le capot d'une auto.

Des phrases fétiches sont aussi des ancrages. Si vous avez plus de 35 ans et que je vous dis : « Je vole comme le papillon et pique comme l'abeille », vous penserez probablement au boxeur Mohammed Ali à qui l'on doit cette citation.

Les bons vendeurs vont utiliser les techniques d'ancrage pour vendre leurs produits. Lorsqu'un vendeur qui désire vous vendre une automobile et qui vous invite à vous y asseoir et à vous imaginer conduisant sur l'autoroute, le toit ouvert et les cheveux au vent par un bel après-midi d'été, il y a une raison. Il essaie de vous ancrer à cette sensation et ainsi vous lier à l'automobile avant même qu'elle soit à vous.

Plusieurs personnalités publiques utilisent les ancrages. Observez attentivement la prochaine fois que vous assisterez à un séminaire public ou que vous regarderez une personne célèbre être interviewée à la télé. Juste avant de parler, la personne fera peut-être un petit geste, parfois subtil, comme se tirer le lobe de l'oreille, se croiser les jambes ou relier son index et son pouce. Il y a de fortes chances que ces actions soient des ancrages reliés à un sentiment de confiance.

Les ancrages, incluant les négatifs, peuvent même se développer à la suite d'une expérience.

Lorsque j'avais environ douze ans, j'ai mangé un « œuf scotch » durant le trajet en autobus scolaire. Un œuf scotch est un œuf cuit dur et recouvert d'une saucisse. Au moment de manger cet œuf scotch, je sentais que j'étais sur le point d'avoir un vilain rhume. Effectivement, je fus terriblement malade et alité durant les deux semaines suivantes. Plus tard, la pensée de manger un œuf scotch me répugnait. Mon subconscient avait relié (à tort) l'œuf à la maladie et il me disait: «Pas question!»

Les gens peuvent vivre le même phénomène s'ils deviennent malades après avoir consommé trop d'alcool. Par la suite, la simple pensée de boire peut stimuler le subconscient à recréer les symptômes d'inconfort. L'expérience peut être si forte que certaines personnes ne prendront plus jamais d'alcool. D'autres vont relier leurs malaises. Leur ancrage sera donc, par exemple, de ne plus boire de téquila, mais avec les autres sortes d'alcool, ils n'auront aucun problème.

Les gens riches et heureux sont passés maîtres dans l'art d'utiliser la puissance de l'ancrage positif.

Ils utilisent l'ancrage pour changer instantanément leur état actuel pour l'état désiré. Pensez-y! Si une chanson, une odeur ou une publicité peut influencer votre esprit et votre corps au point de les faire changer, imaginez la puissance que pourraient avoir vos propres ancrages positifs.

Les gens riches et heureux savent utiliser les ancrages pour se sentir immédiatement confiants, énergiques, calmes, concentrés.

Aimeriez-vous avoir cette aptitude? Après la lecture des pages qui suivent, vous en serez capable vous aussi.

Les ancrages peuvent être créés intentionnellement aussi facilement qu'ils peuvent se créer au hasard des événements. Voici comment faire.

Réservez-vous un moment où vous pourrez garder les yeux clos pendant quinze ou vingt minutes (ce n'est probablement pas une bonne idée de faire cet exercice dans un bureau achalandé, en faisant fonctionner de la machinerie lourde ou en pilotant un avion!).

Prenez une profonde respiration, puis expirez lentement. En même temps, fermez les yeux et laissez un mouvement de détente s'installer en vous. Prenez trois ou quatre respirations profondes. Gardez les yeux fermés. Détendez-vous le plus possible.

Lorsque vous avez atteint un profond état de relaxation, commencez à recréer le sentiment que vous désirez ancrer. Si c'est la confiance personnelle, pensez à une occasion où vous étiez en pleine confiance. Si c'est être énergique, pensez à une occasion où vous débordiez d'énergie.

Parfois, il faut remettre les choses à la base. Certains de mes clients voulaient ancrer la confiance en eux, mais ils m'avouèrent ne s'être jamais sentis en confiance. Je leur ai alors demandé s'ils pouvaient retrouver leur voiture dans le stationnement de l'édifice où nous nous trouvions. «Bien sûr», m'ont-ils répondu. «Êtes-vous certain ?» leur ai-je demandé à nouveau. «Certainement que je suis sûr», ont-ils répondu. «Alors, vous êtes confiant, non ?»

Au besoin, trouvez un exemple très simple de ce que vous voulez ancrer. Cela fonctionne très bien.

Une fois que vous avez imaginé dans votre esprit l'état que vous souhaitez ancrer, alors voyez-le, entendez-le et ressentez-le précisément. Si vous pouvez y ajouter des odeurs et des goûts, c'est encore mieux. Les odeurs, en particulier, peuvent évoquer facilement des ancrages.

Après avoir pris le temps de bien faire l'expérience du sentiment souhaité, essayez de ressentir toujours plus fort ce que vous cherchez à vivre. Laissez croître les sensations.

Lorsque vous avez la sensation que les émotions et les sentiments sont à leur maximum, créez l'ancrage en touchant une partie de votre corps et gardez le contact durant trois secondes. Des endroits d'ancrage communs sont les avant-bras, les articulations, les lobes d'oreille et la réunion de l'index et du pouce.

Essayez de ne pas choisir un geste que vous faites sur une base régulière afin d'éviter d'éveiller l'ancrage par mégarde.

La seule règle absolue est que vous puissiez reproduire le geste exactement comme vous l'avez ancré. Ainsi, si vous avez choisi d'ancrer l'expérience en plaçant vos doigts sur votre avant-bras, chaque fois que vous voudrez vous servir de cet ancrage, vous devrez placer les mêmes doigts, au même endroit sur le bras et appliquer la même pression.

Lorsque vous avez complété votre ancrage, sortez de votre état intérieur en pensant à quelque chose de complètement différent pendant quelques instants. Par exemple, où tombent les millions d'oiseaux qui meurent chaque semaine ? En avez-vous déjà reçu un sur la tête ?

Voyez-vous l'idée ?

Lorsque vous vous êtes changé les idées, cristallisez l'ancrage en répétant le geste choisi. En le faisant, laissez monter en vous les sentiments. Ne luttez pas, encouragez-les plutôt, même si vous devez faire semblant. Les premières fois, l'ancrage ne sera peut-être pas très solide. Par contre, chaque fois que vous répéterez le geste, l'ancrage gagnera en intensité jusqu'à devenir pleinement en force.

L'ancrage fonctionne pour tous, même si le temps requis pour qu'il soit fort varie d'une personne à l'autre.

J'ai connu des gens qui ont eu la réaction voulue dès la première fois, alors qu'il a fallu plus de vingt fois à d'autres. Je vous recommande de répéter le processus d'ancrage une fois à l'occasion pour vous assurer d'obtenir le bon résultat au moment où vous en aurez besoin.

Vous avez donc une autre clé de la formule pour être riche et heureux, celle de l'habileté à changer instantanément votre état. N'est-ce pas fantastique ?

CHAPITRE 26

Voyez-le !
Entendez-le !
Ressentez-le !
Obtenez-le !

Vous êtes en chemin pour un rendez-vous très important et vous craignez d'être en retard. D'ailleurs, vous êtes toujours en retard. Soudain, votre automobile émet un bruit insolite, perd de la vitesse et s'immobilise. Vous jetez un coup d'œil à la jauge d'essence et vous réalisez que vous avez oublié de faire le plein hier soir. Frustré et ennuyé, vous martelez le volant. Hier soir, vous étiez pressé de rentrer à la maison pour terminer un rapport urgent pour le rendez-vous de ce matin. Vous vous étiez dit qu'à la première heure, le lendemain, vous feriez le plein. Mais, dans le chaos habituel du matin à la maison, vous avez oublié que votre esprit était ailleurs.

Bien que vous soyez encore à dix minutes de route en automobile de votre lieu de rendez-vous, vous évaluez qu'il vous faudra quinze minutes à pied en prenant des raccourcis au travers des terrains vagues.

Vous optez pour la marche. Vous ramassez votre téléphone portable, vous verrouillez l'automobile et vous partez. Vous bondissez par-dessus le muret sur le côté de la route, considérant à peine le panneau qui signale de ne pas être là, et vous commencez votre marche de plus d'un kilomètre de l'autre côté du muret.

Vous évaluez la température tandis que vous commencez à suer sous le chaud soleil d'été. La dernière chose que vous souhaitez est d'arriver dans tous vos états, le visage rouge et le corps couvert de sueur. Mais, pourquoi cela vous arrive-t-il toujours? Vous augmentez tout de même le rythme parce que vous ne pouvez tout simplement pas vous permettre d'être en retard. Si vous faites la vente lors de ce rendez-vous, vous pourrez obtenir une belle promotion, avec les avantages financiers qui en découlent.

Vous êtes à mi-chemin sur le terrain vague. Soudainement, vous sentez votre pied glisser. Dans un mouvement de chute, vous tombez vers l'avant, tout en voyant le ciel disparaître de votre champ de vision. Pendant une fraction de seconde, vous êtes confus, paniqué et désorienté. En même temps, vous touchez le sol d'une façon pas vraiment élégante. Vous êtes sonné, mais vous réalisez que vous n'avez rien, à part une ou deux égratignures et le cœur qui bat à toute vitesse. Vous laissez échapper un soupir de soulagement.

En vous relevant, vous constatez que vous êtes tombé au fond d'un trou d'une mine déserte. Le seul moyen d'en sortir est le trou par lequel vous y êtes tombé. Vous vous préparez donc à grimper.

Vous maudissez la terrible malchance qui vous afflige et vous vous demandez comment vous allez pouvoir expliquer votre apparence lorsque vous vous présenterez à votre rendez-vous.

Vous essayez de grimper près de trois mètres, mais en essayant d'escalader la paroi, vous faites dégringoler de plus en plus de terre et de poussière sur vous.

Vous essayez bien d'en sortir, mais comme la terre s'effrite constamment, vous êtes coincé au fond de ce trou. Vous paniquez. Votre téléphone n'affiche aucun signal. Vous réalisez que vous êtes au fond d'un trou, au milieu d'un terrain vague et abandonné que personne n'emprunte. Pourquoi une personne normale emprunterait-elle ce chemin? Le souvenir du panneau signalant de ne pas pénétrer sur ce terrain vous revient à l'esprit. Vous en avez la nausée tandis que votre estomac et votre gorge se nouent.

Comment vous sentez-vous ?

En colère ? Claustrophobe ? Terrifié ? Peut-être que vous vivez tous ces états en même temps.

Après plusieurs heures, vous n'en pouvez plus d'appeler à l'aide. Comme la nuit s'annonce, vous décidez de vous installer le plus confortablement possible.

Vous râliez contre la température ? Maintenant, vous êtes bien heureux que ce ne soit pas l'hiver. Vous vous estimez chanceux même d'être en vie. Mais, vous avez peur, très peur. Peut-être même que vous songez à prier.

Le sommeil se fait rare. Les regrets font surface tandis que vous envisagez pour la première fois votre propre mort. Pourquoi n'avez-vous donc pas passé plus de temps avec votre famille ? Pourquoi ne leur avez-vous pas dit plus souvent que vous les aimiez ? Pourquoi vous pressiez-vous pour un rendez-vous qui ne vous intéressait pas vraiment ? Si vous aviez travaillé pour vous-même, comme vous vous l'étiez promis, tout cela ne serait pas arrivé.

Pourquoi avez-vous repoussé ce voyage en Europe que toute la famille souhaitait tant ? Et pourquoi occupez-vous, pendant quatre-vingts heures par semaine, un emploi que vous détestez et qui ne vous permettra jamais de devenir riche et heureux, peu importe le rendement que vous offrirez ?

Les choses ne devaient pas se dérouler ainsi. L'histoire est mal écrite. Vous auriez dû avoir plus de temps pour être avec votre famille et faire des trucs qui vous plaisaient. Il y avait toujours demain, n'est-ce pas ?

Tard au cours de la seconde journée au fond de votre trou, vous êtes ballotté entre le sommeil et l'état de semi-conscience. Votre vie défile devant vous dans toute sa splendeur, en images et en sons.

Vous n'arrivez plus à savoir si vous êtes éveillé ou endormi. Êtes-vous en train d'avoir des hallucinations à cause de la déshydratation ou êtes-vous vraiment en train de mourir ? Des voix et des images remontent de votre passé et s'entrechoquent, tandis que des rires et des cris résonnent en cacophonie. Mais, une lueur d'espoir survient lorsque vous réalisez que les voix ne sont pas dans votre tête, mais bien au-dessus de vous.

Vous stimulez ce qu'il vous reste d'énergie et vous appelez à l'aide. Les voix s'approchent. Bientôt, deux jeunes garçons vous regardent, perplexes : « Que faites-vous ici, monsieur ? »

Une heure plus tard, vous êtes en sécurité en dehors du trou. Les médias essaient de capter votre attention tandis qu'une foule de curieux vous observent et qu'une équipe médicale prend soin de vous. On vous donne une solution saline pour vous hydrater, mais tout ce que vous voulez, c'est rentrer à la maison et retrouver votre famille. Vous refusez de passer une nuit en observation à l'hôpital.

Vous n'appréciez pas les caméras des équipes de télévision. Étrangement, la gloire est quelque chose que vous avez toujours souhaité, mais, maintenant, cela vous semble banal et sans importance.

Lorsque l'on vous reconduit à la maison, les retrouvailles avec votre famille sont émouvantes. Comme vous portez le même habit sale et taché depuis deux jours, vous souhaitez prendre une douche, même si vous êtes affreusement affamé. Sous la douche, vous ouvrez le robinet et vous sentez l'eau froide tiédir et devenir chaude tandis que vous vous glissez dessous. La sensation de l'eau chaude sur votre visage est sublime. Vous sentez l'eau qui coule le long de votre dos et vous prenez une profonde respiration, captant du coup les parfums du savon dans vos mains. Avez-vous toujours utilisé ce parfum ? Vous n'aviez pourtant jamais noté cette odeur parfumée si agréable. Vous regardez la saleté couler le long de votre corps et vous ressentez vos muscles qui se détendent à mesure que l'eau caresse votre nuque et votre dos. Jamais une douche n'a été aussi agréable. Pourtant, vous en avez pris des milliers dans votre vie. Qu'est-ce qui est différent cette fois ? Qu'est-ce qui vous permet de savourer autant une expérience qui faisait pourtant partie de votre quotidien.

Tandis que vous vous séchez, vous captez les arômes du dîner que l'on prépare dans la cuisine. Vous enfilez votre peignoir favori et vous retrouvez votre famille qui vous attend. Les larmes coulent encore et, silencieusement, vous vous faites la promesse que les choses vont changer.

Le dîner est savoureux. Vous prenez le temps d'apprécier la nourriture que l'on vous a servie. Habituellement, vous mangez à la hâte pour retourner le plus tôt possible à votre ordinateur portable et répondre à des courriels urgents. Mais, qu'y a-t-il d'urgent maintenant ?

Vous passez l'heure suivante à discuter, à rire et à pleurer encore. Puis, la fatigue vous incite à gagner le lit.

Après quelques heures de sommeil, vous vous réveillez en sursaut, le cœur battant, le corps en sueur et les mains moites. Durant une seconde, vous vous êtes cru à nouveau dans le trou du puits. Le ronflement de votre conjointe endormie vous ramène à la réalité : vous êtes bien là où vous devez être. Le son du ronflement, qui habituellement vous énerve, vous semble maintenant agréable. Finalement, vous comprenez. Un jour, tout cela ne sera plus là, tout sera terminé, et vous ne savez jamais quand ce jour viendra.

En fixant la pénombre, vous vous faites une promesse. La prochaine fois, vous serez prêt, de la seule façon que l'on peut l'être, c'est-à-dire en vivant le moment présent, sans remords et sans regret. Plus jamais vous ne laisserez les choses urgentes avoir préséance sur les choses importantes ni permettre au travail de passer avant la famille, parce qu'à partir de maintenant, vous allez vivre une vie riche et heureuse, comme vous l'entendez.

Vous fermez les yeux et vous replongez dans un sommeil paisible.

***

Si vous avez vraiment plongé dans l'histoire précédente, vous avez fait l'expérience du pouvoir de la visualisation. Au cours de la lecture, vous avez probablement vécu des changements physiologiques selon les séquences de l'histoire. Votre rythme cardiaque et votre souffle se sont même peut-être accélérés, ce qui est possible, si vous avez eu l'impression de vivre cette histoire.

En lisant, votre esprit reconstituait les scènes et essayait de rendre l'histoire plausible. Vous n'êtes probablement jamais tombé dans le puits d'une mine, mais vous vous êtes probablement déjà senti seul à un moment ou à un autre dans votre vie, tout comme vous avez sûrement déjà vécu la peur, le regret et le soulagement. Vous pouviez donc comprendre et ressentir les émotions du personnage de l'histoire.

Si je peux écrire quelque chose qui influence votre état général à ce point, sans même vous connaître, imaginez ce que vous pouvez faire pour vous-même.

Pourquoi le feriez-vous ? Pourquoi vous embêter à maîtriser l'art de la visualisation ?

Lors d'une expérience qu'il mena, le psychologue australien Alan Richardson divisa en trois groupes égaux une équipe de basketball. Dans chaque groupe, l'habileté des joueurs à réussir des lancers libres était mesurée.

On demanda aux joueurs du premier groupe de faire des lancers au panier durant vingt minutes par jour.

On demanda aux joueurs du deuxième groupe de passer vingt minutes par jour à se visualiser en train de faire des lancers. Ils n'avaient pas le droit de s'exercer vraiment sur le terrain.

On demanda aux joueurs du troisième groupe de ne pas visualiser et de ne pas faire de lancers. Ils devaient ne rien faire du tout.

Après une période de temps donnée, Richardson mesura de nouveau l'habileté des joueurs à réussir des lancers. Le groupe auquel on avait demandé de ne rien faire (le troisième) demeura au même niveau qu'avant l'expérience. Aucune amélioration, ce qui n'est pas surprenant. Par contre, ce qui est étonnant, c'est que les joueurs des deux autres groupes connurent le même degré d'amélioration.

Les joueurs qui avaient seulement visualisé les lancers performaient aussi bien que les joueurs qui s'étaient réellement exercés avec un ballon sur le terrain. Comment cela est-il possible ?

Une partie de l'explication vient du fait que les joueurs qui ont réellement refait les lancers en ont immanquablement manqué quelques-uns. Chaque fois que cela se produisait, cela s'enregistrait, comme s'ils s'exerçaient à manquer des lancers. Mais, les joueurs qui se visualisaient en train de lancer le ballon réussissaient à tout coup. Ils enregistraient la sensation et la mémoire de la réussite.

Comment cela s'applique-t-il pour vous dans votre quête d'une vie riche et heureuse ?

Les gens riches et heureux ont appris qu'en utilisant leur esprit et le pouvoir de la visualisation, ils étaient en mesure d'accélérer leur progression vers tout ce qu'ils voulaient, peu importe la situation.

Pour eux, il n'y a pas de temps mort ou perdu, pas d'arrêt de la progression à cause de la fatigue ou d'un manque de ressources. S'ils ne peuvent physiquement faire quelque chose, alors ils le font par la visualisation.

Pour certains, même la visualisation n'est pas un outil de second recours. C'en est un prioritaire.

Nikola Tesla, celui qui a brillamment inventé le moteur à induction électrique et qui a développé le courant électrique alternatif pour l'usage domestique, s'en servait abondamment. Il visualisait ses inventions et y apportait des changements, qu'il testait toujours en visualisation. Il procédait ainsi jusqu'à ce qu'il considère avoir développé son idée au maximum. Par la suite, seulement, il construisait ses inventions.

Durant sa vie, Tesla enregistra plus de sept cents brevets d'invention à travers le monde, construisit le premier plan d'hydroélectricité, conçut la technologie du circuit en partie dont on se sert encore aujourd'hui en radio et en télévision et inventa le système de courant alternatif polyphasé, lequel éclaire actuellement le monde.

Pour cet inventeur remarquable, la visualisation était l'atelier dans lequel il concevait ses inventions.

Comment et pourquoi la visualisation fonctionne-t-elle ?

Chaque fois que vous visualisez quelque chose, il se renforce au fur et à mesure que se définissent toujours plus précisément les liens entre les synapses du cerveau associés à l'objet de la visualisation. Plus les liens sont définis, moins votre esprit accepte des liens contraires. Cela signifie qu'avec le temps, même les contradictions les plus ancrées s'atrophient et s'éteignent si les nouveaux liens sont sollicités régulièrement et deviennent de plus en plus définis.

Dans l'exemple du basketball que nous venons de voir, plus les joueurs créaient des liens dans lesquels ils réussissaient les lancers, plus ils éliminaient les liens dans lesquels ils rataient les lancers. Ainsi, lorsqu'est venu le temps de faire réellement des lancers, les liens dans leur cerveau associés aux lancers correspondaient à la réussite et non à l'échec.

C'est une bonne nouvelle si votre visualisation vient appuyer vos rêves. Chaque fois que vous vous visualisez en train de les réaliser, vous vous aidez vraiment à les réaliser. Et le contraire est tout aussi vrai. Si les images concernant vos rêves sont celles de l'échec, vous augmentez réellement vos risques d'échouer dans la réalisation de vos rêves.

Si les liens négatifs sont trop profonds dans le cerveau d'une personne et qu'ils ne sont jamais « défiés », cette personne peut constamment penser négativement. Les mêmes images négatives reviennent en boucle.

Le pouvoir de la visualisation pour atteindre une vie riche et heureuse se comprend mieux lorsque l'on sait comme les êtres humains apprennent.

Chaque fois que vous apprenez quelque chose, vous traversez quatre phases :

1. Incompétence subconsciente

2. Incompétence consciente

3. Compétence consciente

4. Compétence subconsciente

Voici la description de ces quatre phases, toujours selon la perspective de devenir riche et heureux :

1. Incompétence subconsciente

À ce niveau, vous ignorez ce que veut dire pour vous être riche et heureux. Ou vous ignorez que vous êtes riche et heureux. Peut-être que vous êtes trop jeune pour le concevoir ou vous n'y avez tout simplement jamais pensé.

2. Incompétence consciente

Ici, vous comprenez ce que veut dire être riche et heureux pour vous, mais vous êtes loin de vivre cet état. Vous êtes conscient qu'il est possible, mais vous ignorez comment y parvenir. Vous étiez dans cette phase avant de commencer la lecture de ce livre. Tout le monde doit passer par elle dans la quête d'une vie riche et heureuse. La clé est de ne pas traîner trop longtemps dans cette phase.

3. Compétence consciente

Vous êtes en marche. Dans cette phase, vous comprenez des portions de la formule pour devenir riche et heureux, mais cela vous demande des efforts et vous devez souvent vous arrêter pour réfléchir au processus. Vous reconnaissez la valeur de la matrice et l'importance de choisir des valeurs alignées sur ce que vous voulez vivre, mais ce n'est pas encore un automatisme acquis.

4. Compétence subconsciente

Bravo ! Vous y êtes ! C'est la phase où vous vivez votre vie riche et heureuse et que vous faites ce que vous voulez, et ce, quand vous le voulez. Vous n'avez pas à réfléchir à tous les menus détails qui rendent cette vie possible. Vous avez si bien ancré dans votre cerveau les liens pour être riche et heureux que c'est maintenant devenu un état normal dans lequel vous fonctionnez sans effort.

La visualisation est une façon simple et incroyablement puissante de traverser rapidement les quatre phases de l'apprentissage. En approfondissant les liens de la compétence subconsciente, vous entraînez votre subconscient à croire que vous avez progressé à travers les phases précédentes.

C'est ce que les joueurs de basketball ont fait. Ils ont entraîné leur subconscient à croire qu'ils savaient comment réussir les lancers, fois après fois.

Cela ne fera de vous une étoile au basketball ou ne créera pas votre vie riche et heureuse comme par magie. Vous devez faire des gestes également, entreprendre des actions, mais la visualisation vous aidera à réussir plus rapidement.

Vous trouverez plusieurs livres sur la visualisation et les façons de l'utiliser. Je vous recommande d'en lire quelques-uns. D'ici là, je vous offre des points de repère pour commencer votre pratique de la visualisation.

Le but est de vous visualiser dans l'état désiré. Cela peut être d'accomplir parfaitement une tâche, vivre d'une certaine façon, entreprendre une activité, etc.

La durée et la fréquence de vos visualisations auront un effet sur la rapidité à constater les changements. Mais, la façon dont vous vivez votre vie en dehors de la visualisation aura aussi un impact. Ce n'est pas vraiment une bonne idée de visualiser durant vingt minutes chaque jour votre vie riche et heureuse et de passer dix heures par la suite en conflit avec vos valeurs et en poursuivant des activités qui sont à l'opposé de ce que signifie pour vous être riche et heureux. Vous détruisez ce que vous bâtissez.

Des gens me disent parfois qu'ils ne sont pas capables de visualiser. Je leur demande alors s'ils savent de quoi a l'air leur auto. « Bien sûr », répondent-ils étonnés. Parfait, c'est de la visualisation ! Pour savoir de quoi avait l'air leur auto, ils devaient s'en faire une image.

La visualisation semble plus facile pour ceux qui sont visuels que pour les auditifs. Toutefois, c'est une habileté qui peut s'acquérir et se développer. Continuez à vous exercer, à vous exercer un peu plus et à encore plus vous exercer.

Gardez aussi à l'esprit que l'utilisation d'autres représentations peut intensifier et améliorer le résultat. Par exemple, si vous voulez améliorer votre jeu au golf, vous pouvez le visualiser tout en tenant dans vos mains l'un de vos bâtons.

Jack Nicklaus détient le record du plus grand nombre de victoires dans les championnats majeurs de golf et il fut désigné le meilleur golfeur durant neuf années consécutives. Il avait l'habitude de visualiser la trajectoire de la balle et l'endroit où elle tombait chaque fois qu'il exerçait son élan. C'est le genre de succès que l'on recherche.

Visualisez dans votre esprit ce que vous désirez. Cela vous aidera à le concrétiser dans votre vie.

CHAPITRE 27

Soyez patiemment irréaliste !

V ivre une vie riche et heureuse vous placera dans un groupe très sélect de gens. Regardez autour de vous. La plupart des gens ont choisi de croire et de s'en tenir au *statu quo*. Pas étonnant qu'ils passent leur vie en faisant du surplace.

Vivre riche et heureux requiert de faire les choses différemment des autres, incluant être patiemment irréaliste.

Nous vivons à une époque où nous avons accès à plus d'informations que jamais auparavant dans l'histoire de l'humanité. Grâce à Internet, vous pouvez trouver le genre de vie riche et heureuse que vous souhaitez vivre et les Qui pour vous aider. Vous pouvez aussi trouver des sources d'inspiration. Tout cela en quelques secondes et en quelques clics de souris. C'est une époque bénie pour ceux qui souhaitent devenir riches et heureux.

En contrepartie de cette bénédiction s'est développé un aspect moins positif (l'Univers fonctionne ainsi). Nous sommes devenus si habitués à tout recevoir instantanément que lorsque ce que nous désirons ne nous parvient pas en moins de cinq minutes, nous croyons qu'il y a erreur ou que cela ne nous est pas destiné.

Nous voyons parfois des émissions spéciales à la télévision au cours desquelles on apprend comment une personne est devenue célèbre ou a réussi un grand exploit ou une carrière exceptionnelle. Durant les deux heures trente que dure l'émission, nous suivons la vie de cette personne de l'enfance au sommet du succès. Nous sommes alors parfois portés à penser, à tort, que le succès devrait nous arriver aussi vite.

L'émission n'a toutefois pas fourni tous les détails : les années pour arriver à être reconnue, les rendez-vous, les appels et tous les autres détails qui ont jalonné la vie et la carrière de la personne célèbre.

Lorsqu'Edison cherchait un filament à insérer dans le bulbe d'une ampoule, il a essayé des milliers d'éléments avant de trouver celui qui pourrait transporter le courant sans brûler. Lorsque vous regardez un reportage sur la vie d'Edison, ce fait ne prend que quelques secondes à être mentionné, mais il a nécessité des années de travail à Edison.

Pour parvenir à une vie riche et heureuse, vous devez croire que la vie que vous voulez vivre, peu importe ce qu'elle est, est possible. C'est un point de vue qui peut, en plusieurs occasions, sembler irréaliste, du moins au début.

Une dose de patience est requise.

Il peut vous prendre plus de cinq minutes pour trouver le Qui parfait pour vous aider dans votre aventure. Les pistes que vous suivrez ne donneront pas toujours les bons résultats. Le travail idéal pour lequel vous serez payé pour vivre des minutes riches et heureuses ne se matérialisera peut-être pas 24 heures après avoir déposé votre curriculum vitae sur un site de recherche d'emploi.

Encore une fois, la contrepartie est aussi possible. À mes débuts comme auteur, un homme que je ne connaissais pas me joignit et me commanda directement cinq cents exemplaires de mon livre *Le Why Café* pour les offrir à ses employés et à ses clients. J'étais excité. J'avais suffisamment d'expérience comme auteur pour savoir qu'une telle occasion n'allait pas se présenter tous les jours. Si j'avais espéré de telles ventes chaque jour, j'aurais été passablement frustré.

La matérialisation instantanée survient parfois, mais pas toutes les fois.

Les gens riches et heureux savent que le temps entre votre choix de la vie que vous désirez et la réalisation de celle-ci est normal et naturel. Cela fait partie du processus.

Et si vous êtes dans la bonne voie, le temps entre l'idée et sa matérialisation, peu importe sa durée, est aussi du temps riche et heureux.

L'une des plus étonnantes histoires au sujet d'être patiemment irréaliste qu'il m'ait été donné de lire est celle de Nathan Strauss. Même si vous le demandiez à mille personnes, il est probable qu'aucune ne puisse dire ce qu'il a fait. Pourtant, ses efforts sont directement responsables du fait que des gens proches de vous sont encore en vie.

Nathan Strauss vivait à New York dans les années 1890. Il était l'un des propriétaires du grand magasin Macy. Il était un philanthrope engagé. Ses efforts se concentraient sur les gens de sa ville. En 1893, il décida d'essayer et de faire quelque chose pour les enfants.

À cette époque, environ un enfant sur dix mourait avant cinq ans. Strauss pressentait que la qualité du lait donné aux enfants pouvait être en cause. Son raisonnement était simple. Le lait surissait plus vite en été lorsqu'il faisait très chaud, et plus d'enfants mouraient durant l'été. Peut-être ces deux faits étaient-ils reliés ?

Après quelques recherches, il trouva le Qui parfait pour l'aider. Un chimiste français, Louis Pasteur, avait trouvé, trente ans auparavant, une façon de détruire les bactéries qui causaient la dégradation du lait et de la bière. Malheureusement, le procédé de Pasteur (la pasteurisation) n'était pas utilisé aux États-Unis.

En juin 1893, Strauss mit sur pied une usine de transformation du lait dans sa ville natale. Le lait y était pasteurisé et vendu à prix raisonnable pour que la population locale puisse se le procurer. Pour les gens trop pauvres pour se procurer le lait pasteurisé, Strauss avait prévu un système de coupons afin qu'ils puissent se procurer le lait gratuitement.

Pendant sept ans, Strauss maintint ses efforts et fit construire six autres usines du même genre à travers la ville. Il procura du lait pasteurisé à un orphelinat qui recevait alors son lait d'un troupeau spécifique de vaches. En un an, le taux de mortalité à l'orphelinat diminua de 30 % grâce à la pasteurisation du lait.

En dépit de ses succès, Strauss se trouva engagé dans une lutte pour la protection de la santé des enfants. En 1907, après quatorze ans d'efforts, il n'était toujours pas parvenu à convaincre les autorités de New York que tout le lait devait être pasteurisé. Même une étude présidentielle, menée par « Teddy » Roosevelt, qui concluait que la pasteurisation ne nuisait pas au goût, à la qualité, aux valeurs nutritives et à l'absorption du lait, mais qu'elle prévenait la maladie et sauvait des vies, ne fut pas suffisante pour contrer les intérêts financiers que l'industrie laitière fit valoir pour justifier qu'elle n'utilisait pas la pasteurisation.

Ce n'est qu'en 1913, alors qu'une épidémie de typhoïde causée par le lait tua des milliers de personnes, que les autorités de New York décidèrent finalement d'agir. Si le lait avait été pasteurisé avant, comme s'est évertué Strauss à le faire valoir, le virus typhoïde ne se serait pas développé et l'épidémie aurait pu être évitée.

Maintenant que le public était derrière les efforts de pasteurisation de Strauss, en 1917, presque toutes les villes majeures aux États-Unis demandaient que le lait soit pasteurisé avant d'être vendu. Le résultat a été que des endroits comme New York ont vu leur taux de mortalité infantile baisser de plus de 60 %.

Nathan Strauss est le parfait exemple d'une personne qui a su être patiemment irréaliste. Il s'est donné pour mission de sauver la vie de milliers d'enfants en changeant quelque chose qui était un problème insoluble depuis des centaines d'années. Il croyait qu'avec suffisamment d'efforts, il pouvait trouver une solution scientifique et contrecarrer les peurs et la pression des médecins, d'un public peu éduqué et d'hommes d'affaires qui ne voulaient pas que les choses changent.

En fin de compte, Nathan avait raison. Il a réalisé ce qui apparaissait impossible et irréaliste. Il a aussi eu la patience d'attendre 25 ans avant de remporter la bataille.

Grâce à ses efforts, des millions d'enfants ont été épargnés, non seulement durant la durée de sa vie, mais encore de nos jours. Et par chacun des verres de lait qu'il a participé à transformer d'un danger potentiel en un aliment favorisant la santé, Strauss a emmagasiné des minutes riches et heureuses.

La leçon que Strauss nous donne est d'être patiemment irréalistes. Définissez ce que vous voulez que soit votre vie riche et heureuse tant que vous avez la certitude dans votre cœur que c'est bien ce que vous voulez. Alors, comme le disait Winston Churchill: «N'abandonnez jamais, jamais, jamais.»

Assurez-vous seulement d'avoir la patience qui permet à la vie de prendre le temps de se déployer.

Il y a un autre aspect de la formule pour être riche et heureuse qui peut vous aider dramatiquement à accélérer ce déploiement.

Durant mes séminaires, je fais faire un petit exercice aux participants. Je place les gens deux par deux. Je demande à la plus grande personne des deux d'ouvrir sa main. Dans la main de la plus petite, je dépose une feuille sur laquelle elle a écrit la vie riche et heureuse qu'elle désire.

Je dis alors à la plus grande personne de refermer la main sur le papier, lui signifiant ainsi qu'elle a le contrôle sur la vie riche et heureuse de l'autre personne. Je demande ensuite à cette dernière si elle tient vraiment à sa vie riche et heureuse. Bien sûr, elle me répond oui sans hésiter. Alors, je lui dis de la récupérer des mains de la plus grande personne.

La réaction va de la chamaillerie à une véritable lutte. C'est plutôt amusant à observer du haut de la scène et je laisse les gens se débattre pendant quelques minutes.

Habituellement, il y a une ou deux paires de personnes qui sourient et rient et qui ne semblent pas du tout enclines à s'engager dans une lutte physique, contrairement à d'autres.

Ces personnes sont les rares à connaître un aspect de la formule. Cela s'appelle demander. Au lieu d'engager le combat pour récupérer leur vie heureuse, elles l'ont simplement demandé.

Demander vous aidera à rapidement devenir riche et heureux.

Les gens veulent vous voir riche et heureux. Ils le veulent vraiment. La plupart d'entre eux ne croient pas pouvoir devenir riches et heureux, alors la bonne action pour eux est d'aider quelqu'un d'autre à le devenir. Et les gens qui sont déjà riches et heureux savent que des gens les ont aidés à le devenir et ils en font autant en échange.

Dans les années 60, le psychologue Stanley Milgram compléta une série d'expériences qui impliquaient de « demander ». Il expédia un colis du Massachusetts au Nebraska. L'instruction donnée au destinataire du colis était d'aider Milgram à rapporter le colis au Massachusetts et à le livrer à une personne précise. Il y avait deux règles à suivre. La première était que le colis devait être livré en mains propres, et non posté, et la seconde était que le colis devait être passé à quelqu'un que le réceptionnaire connaissait par son prénom.

Ainsi, celui qui recevait le colis devait penser à quelqu'un qu'il connaissait par le prénom, une personne qui se dirigeait soit vers le Massachusetts ou qui connaissait elle-même une personne (par son prénom) qui devait se rendre au Massachusetts et qui voulait bien remettre le colis en mains propres à quelqu'un.

Il y a deux points à retenir de cette expérience et qui peuvent nous servir dans notre propre quête. Le premier, c'est qu'il fallut l'intervention de seulement six personnes pour que le colis revienne à sa destination en mains propres. On désigne maintenant ce phénomène par les six degrés de séparation. Cela nous apprend que notre Qui, celui qui a déjà trouvé la façon de créer une vie riche et heureuse comme nous le souhaitons nous-mêmes, est plus près de nous que nous le pensons. Et c'est encore plus vrai lorsque nous songeons que Milgram avait imposé des restrictions dans la façon que les gens devaient se passer le colis, ce qui n'est pas le cas dans notre démarche. Nous n'avons pas à connaître une personne par son prénom pour lui demander de l'aide, des conseils ou pour connaître ce qu'elle a accompli au cours de sa vie. Nous n'avons pas non plus à remettre nos questions en mains propres. Avec Internet et tous les moyens de communication actuels, vous n'êtes qu'à quelques secondes d'un lien avec qui que ce soit sur la planète, sans même quitter votre maison.

Le deuxième point intéressant était que le seul facteur important qui déterminait si les gens acceptaient ou non d'aider à faire avancer le colis vers son point de retour était la valeur que le colis avait à leurs yeux. Ils étaient plus enclins à participer s'ils savaient que le colis avait une grande valeur. Lorsque nous partageons avec les gens notre désir de vivre une vie riche et heureuse, une vie dans laquelle nous pourrons nous épanouir, une vie où nous pourrons faire ce que nous voulons, quand nous le voulons, une vie qui a un sens, nous leur parlons vraiment de quelque chose qui a une énorme valeur. Et les gens vont être portés à nous aider, mais seulement si nous le demandons.

Voici une histoire qui démontre le pouvoir des demandes :

Il y a quelques années, lorsque mon livre Le Why Café *a été lancé, j'ai réalisé qu'au cours des douze premiers mois qui ont suivi, le livre avait été acheté et lu par des lecteurs dans vingt-quatre pays différents, sur six des sept continents. Je me suis mis en tête que ce serait bien d'avoir inspiré des gens sur tous les continents par mon petit livre d'inspiration, d'autant plus que je n'avais jamais eu l'intention d'être avant tout un auteur.*

Quel continent manquait-il ?

L'Antarctique ! Je ne connaissais rien à l'Antarctique. Comme je ne voulais pas souffrir de la maladie du comment, j'ai immédiatement cherché qui pouvait m'aider. J'ai donc inscrit dans une recherche Google : « Qui vit en Antarctique ? »

Plusieurs informations apparurent. J'ai alors appris que seulement deux mille personnes vivaient en Antarctique. À certains moments de l'année, la glace emprisonne tellement le continent que rien ne peut y entrer ni en sortir pendant des mois. La statistique de deux mille personnes s'appliquait en fait à la période estivale. Nous étions en hiver, et il n'y avait plus que deux cents personnes sur le continent durant l'hiver.

Mon défi était de trouver un Qui entre 200 personnes, en dehors des 6,6 milliards de personnes sur la planète, dans un lieu si glacial que rien ne pourrait y entrer pendant des mois, et l'inspirer à acheter un exemplaire d'un livre de quelqu'un qu'il n'a jamais rencontré.

Beau défi, non?

Par le pouvoir des demandes, j'ai réussi à relever le défi en 47 minutes. Voulez-vous savoir comment? Ou aimeriez-vous plutôt connaître le Qui?

Le Qui était un gars, Ask Jack. L'un des liens trouvés sur Google me conduisit à son site. Jack était météorologue pour le journal USA Today. Il était en Antarctique pour effectuer quelques études météorologiques. Avec un nom comme celui-là, Ask Jack («Demandez à Jack»), que croyez-vous que j'ai fait? Évidemment, j'ai demandé à Jack. Quand l'Univers te présente un tel plateau, tu ne le retournes pas. Tu t'en sers!

Je lui ai donc adressé un courriel disant: «Jack, j'ai une demande.» Je lui ai confié que j'avais écrit un livre qui avait inspiré des gens sur tous les continents, sauf en Antarctique. Je lui ai expliqué que je ne savais comment m'y prendre pour être lu en Antarctique et que ses conseils seraient les bienvenus. En gros, de façon concise, sincère et sentie, je lui ai partagé mon histoire et mon but. Puis, j'ai appuyé sur «envoyer».

J'ai reçu une réponse de Jack. Un courriel d'une page complète! Il me donna le nom des trois meilleures entreprises qui faisaient affaire en Antarctique. Il me fournit leur adresse Internet et une foule d'autres informations tout en me souhaitant bonne chance. Puis, il me dit de lui faire savoir s'il pouvait être encore utile.

Je n'avais jamais rencontré cet homme, et il a pris le temps de faire tout cela pour moi! Juste parce que je le lui ai demandé.

J'ai visité le premier lien Internet que Jack m'avait fourni. L'organisation était située aux États-Unis. J'ai téléphoné et j'ai raconté à la personne qui m'avait répondu toute mon histoire au sujet du livre que j'avais écrit, de mon désir d'inspirer les gens sur les sept continents et que l'Antarctique était le dernier territoire à conquérir, en ajoutant qu'Ask Jack m'avait donné le nom de son entreprise. Il y eut une pause. « Je ne suis que la réceptionniste », ai-je entendu. Cependant, la personne accepta de transférer mon appel à quelqu'un qui pourrait peut-être m'aider.

Cette femme prit l'appel et je racontai à nouveau mon histoire. Elle a alors prononcé les mots que vous entendrez un jour dans votre quête d'une vie riche et heureuse : « Je peux vous aider. » Cette fois encore, je n'avais jamais rencontré cette personne. Elle n'avait jamais entendu parler de moi auparavant. Elle m'offrait pourtant son aide, parce que je le lui avais demandé.

Elle me demandait de quelle façon je voulais vendre le livre. Je n'y avais pas vraiment pensé. « Pourquoi pas par Internet ? » ai-je proposé. Internet était effectivement disponible en Antarctique. Elle me dit alors de préparer le livre pour le mettre en ligne et de lui faire parvenir le lien. Elle verrait alors ce qu'elle pouvait faire pour m'aider.

Lorsque j'ai voulu placer mon livre sur le système de commande en ligne que j'utilisais, j'ai été déçu d'apprendre que les commandes de l'Antarctique n'étaient pas acceptées. Zut ! Si près du but et soudain cet obstacle. J'ai cherché un Qui. En fait, ce fut le site Amazon. Amazon vend en ligne et accepte les commandes de clients en Antarctique. De plus, Amazon offre un service grâce auquel on peut placer un produit sur le site et les responsables s'occupent de faire les transactions. Parfait !

J'ai préparé mon insertion tout en spécifiant que l'offre s'adressait uniquement aux résidents de l'Antarctique. J'ai communiqué le lien à la dame qui l'a transmis à son tour à la bonne personne en Antarctique. Au total, nous avons vendu ce jour-là dix exemplaires de mon livre Le Why Café. Et tout cela en investissant seulement 47 minutes de mon temps.

Votre vie riche et heureuse vous attend. Vous devez savoir comment elle est, croire que c'est possible et demander de l'aide lorsque vous en avez besoin.

CHAPITRE 28

N'hésitez pas à partir !

L es gens riches et heureux sont des maîtres dans l'art de partir. Ils sont les premiers à démissionner d'un emploi qui ne leur procure pas de minutes riches et heureuses ou à s'éloigner d'un patron désagréable. Travailler dans un tel environnement est une garantie d'échec.

Ils sont assez intelligents pour honorer leurs buts lorsqu'ils les atteignent et cesser ce qu'ils font pour célébrer leurs succès et par la suite choisir de nouveaux buts. Même lorsqu'ils sont au beau milieu d'une activité ou d'un emploi qu'ils adorent, ils savent quand se retirer et prendre une pause, de sorte qu'ils ne connaissent jamais l'épuisement professionnel.

Savoir quitter est l'une des habiletés les moins comprises et les plus calomniées par les gens ordinaires. Mais, les gens riches et heureux savent que c'est un aspect important de la formule pour réaliser leurs rêves.

Pour la plupart des gens, l'occasion la plus significative pour démontrer l'importance de partir est probablement leur emploi. Dans mon travail, je rencontre des gens de différents milieux et aux parcours de vie différents. J'échange parfois avec des centaines de personnes à la fois, et à d'autres occasions, avec une seule.

Ce que j'ai découvert est que plus de 90 % des gens n'occupent pas un emploi correspondant à la vie qu'ils souhaitent vivre. En d'autres mots, la très grande partie de leur temps, soit celui passé au travail, ne leur procure aucune minute riche et heureuse. Cela réduit considérablement leurs chances d'avoir une vie riche et heureuse, car comme nous l'avons vu, une vie riche et heureuse se crée en accumulant des minutes riches et heureuses.

Pour les gens riches et heureux, l'idée de ne pas vivre des minutes riches et heureuses au travail est inconcevable. Cela n'a aucun sens pour eux, car c'est une voie condamnée à l'échec. Ils ne resteront pas dans de tels emplois. Ils démissionneront et essayeront de trouver un emploi qui leur fera vivre des minutes riches et heureuses.

Et vous, combien de telles minutes votre emploi vous procure-t-il? C'est peut-être le temps de démontrer votre intelligence de gens riches et heureux et de démissionner de cet emploi.

Je m'amuse toujours de la lourde circulation sur les autoroutes durant les heures de pointe. Là où je vis, il y a une autoroute importante de l'est à l'ouest. En fait, elle suit plutôt un trajet nord-sud, mais l'ironie n'est pas à ce sujet. L'ironie est que des dizaines de milliers de personnes, venant de l'est, sont coincées dans la circulation pendant au moins une heure et demie chaque jour. Ils vont vers l'ouest pour occuper un emploi qui ne leur plaît pas et qui ne leur procure aucune minute riche et heureuse.

Au-dessus d'eux, les dirigeants, venant de l'ouest, sont aussi coincés dans la circulation pendant quatre-vingt-dix minutes pour aller et revenir d'un travail qu'ils n'aiment pas.

Déjà, si ces gens pouvaient échanger leur boulot pour ne plus aller dans la direction opposée à leur résidence, ce serait bien. S'ils vivent à l'est, ils devraient travailler aussi à l'est, et la même chose pour ceux de l'ouest. Au moins, de cette façon, ils récupèreraient un temps considérable.

Si je tenais un tel discours devant un auditoire, quelqu'un lèverait la main et insisterait pour placer un *mais*. «*Mais*, je ne peux pas avoir un autre emploi», «*mais*, mon fonds de pension est très bien là où je travaille», «je n'aime pas mon travail, *mais* mes collègues sont gentils», «*mais*, il ne me reste que sept ans avant ma pension (ce *mais* est celui que je préfère!)».

Ces croyances limitatives sont des excuses!

Les gens riches et heureux le sont devenus parce qu'ils ne se laissent pas séduire par un fonds de pension, parce qu'ils savent qu'il y a des gens gentils, peu importe l'endroit, et parce qu'ils ne pataugent pas durant sept ans dans un emploi qu'ils n'aiment pas. Ce sont peut-être de bonnes façons de souffrir de haute pression, de maladie du cœur et de dépression, mais ce n'est sûrement pas la voie pour être riche et heureux.

J'ai toujours aimé une citation de l'auteure Tama J. Kieves. Après des études en droit à Harvard et la pratique du droit sans jamais vivre de minutes riches et heureuses au travail, elle a démontré son incroyable intelligence et elle a démissionné de son emploi. Dans son livre *This Time I Dance*, elle dit : « Si vous réussissez aussi bien dans un travail que vous n'aimez pas, imaginez le succès que vous pourriez obtenir dans un emploi que vous aimez ! »

Je suis entièrement d'accord avec elle. Et cela s'applique à tous les aspects de la vie.

Êtes-vous dans une relation qui ne vous apporte pas de riches et heureuses minutes ? Cessez cela ! Je ne dis pas que vous devez nécessairement laisser complètement la relation, mais vous devez certainement mettre fin à certains schémas. Cessez de passer du temps loin de votre partenaire si le problème vient de cet aspect. Cessez d'argumenter. Cessez de vous narguer. Laissez cet état d'humiliation que vous subissez peut-être. Cessez d'humilier votre partenaire.

Puis, si l'idée de démissionner radicalement de votre emploi est trop incommodante pour vous, alors agissez progressivement. Partez de votre travail une heure plus tôt dorénavant et utilisez cette heure pour trouver un travail que vous aimerez. Démissionnez définitivement de votre emploi par la suite.

Comme défi personnel, essayez de délaisser une minute de votre temps aujourd'hui qui n'est pas riche et heureuse, et remplacez-la par une visualisation de vous-même vivant votre vie riche et heureuse.

Si le monde ne s'est pas écroulé pendant cette minute (et je vous promets que cela n'arrivera pas), ajoutez une autre minute le lendemain. Occupez cette minute à la visualisation, à la répétition des croyances positives déjà énumérées :

- Tout est possible.
- Je suis digne d'être riche et heureux.
- Je suis capable d'être riche et heureux.
- Je mérite d'être riche et heureux.
- Lorsque je suis riche et heureux, le monde entier en profite.
- La seule personne qui peut me limiter, c'est moi-même.
- Je peux être riche et heureux dès maintenant.
- Être riche et heureux est mon état naturel et évolué.

Pendant trente jours, continuez de délaisser une minute de plus chaque jour et à la réutiliser pour de riches et heureuses minutes, soit par la visualisation, la répétition de paroles positives ou l'accomplissement d'activités que vous aimez. À la fin des trente jours, vous pourrez décider de continuer si vous le voulez.

Les bénéfices que vous en retirerez seront presque infinis et dureront toute votre vie. Tout ce qu'il faut, c'est être capable de dire : « Je pars. »

CHAPITRE 29

Le stress est pour les nuls

La plupart des gens considèrent que le stress est une nécessité dans la vie, mais pas les gens riches et heureux. Ils ont appris une vérité beaucoup plus puissante. Ils contrôlent le stress, et ils ne laissent pas le stress les contrôler.

Cela vous surprend ? Peut-être. Le mot *stress* est véhiculé à gauche et à droite plus librement que la vodka lors d'un mariage russe. Alors, comment peut-on le contrôler ?

Pensez à un événement qui vous a récemment stressé considérablement. Croyez-vous que, dans le monde entier, il existe au moins une personne qui aurait été capable de gérer la même situation sans en être stressée ? Bien sûr que oui !

Ainsi, par définition, ce n'est pas l'événement qui est stressant, mais l'interprétation que l'on en fait. Le stress est contextuel.

Si votre patron vous dit qu'il a l'intention de vous congédier à la fin de la semaine si votre performance ne s'améliore pas immédiatement, vous pouvez vous sentir stressé. Si durant la semaine vous achetez un billet de loterie et que vous gagnez dix millions de dollars, seriez-vous toujours stressé par la possibilité d'être congédié ou auriez-vous du plaisir à remettre votre démission avant que votre patron passe à l'action ?

De nouveau, vous voyez que ce n'est pas l'événement en lui-même qui est stressant.

Dans le scénario ci-dessus, lorsque votre patron vous a lancé sa menace, les lignes directrices vues précédemment se sont mises en action. Vous avez commencé à faire des scénarios dans votre tête, à voir des images et à vous parler intérieurement. C'est tout à fait normal et nous réagissons tous ainsi. Cependant, ce sont ces scénarios, ces images et ces paroles qui dictent comment nous nous sentons.

Si, dans vos scénarios, vous vous imaginez vous disputant avec votre femme, luttant pour payer vos factures, étant sans emploi pendant des mois et vous appauvrissant dans la misère, vous allez vous sentir terriblement mal. Vous allez probablement accompagner ces images d'un dialogue intérieur qui vous répète combien les choses vont mal. La voix dans votre tête peut même se moquer de vous, vous réprimander ou vous dénigrer.

C'est de là que naît l'anxiété.

Si, au contraire, une fois que votre patron vous ait avisé, vous vous preniez en main et vous rebondissiez, plus déterminé que jamais soit à conserver votre emploi soit à démarrer votre propre entreprise à laquelle vous rêviez depuis longtemps, avec l'appui de votre bien aimante famille et dans l'espoir de vivre une vie riche et heureuse… Ne vous sentiriez-vous pas motivé et plein d'énergie ?

Ce que je veux vous démontrer est que même si la vie vous apporte des situations potentiellement stressantes, elles le deviennent ou non selon la façon dont vous y réagirez. L'un des rares outils que vous possédez pour avoir le contrôle total sur le stress est votre attitude vis-à-vis des influences extérieures. Personne ne peut vous enlever cette habileté, mais vous seul pouvez l'abandonner.

En fait, c'est véritablement le sentiment d'avoir perdu le contrôle qui rend, très souvent, les situations stressantes.

Imaginez que vous êtes dans un taxi en vacances et que le véhicule dévale une montagne. Soudainement, les freins lâchent. Vous avez deux choix. Vous pouvez vous accrocher et espérer que tout tourne pour le mieux grâce au chauffeur de taxi au volant et qui semble un homme de confiance, ou vous changez de place avec lui et prenez le contrôle du taxi du mieux que vous le pouvez. Vous avez dix secondes pour vous décider. Que choisissez-vous ?

Étonnamment, la plupart des gens (moi inclus) préfèrent prendre le contrôle du taxi. Bien sûr, cela n'a aucun sens au point de vue de la logique. Le conducteur connaît mieux la route que vous, et il est sûrement au moins aussi compétent que vous dans la conduite automobile puisque c'est son métier. Alors, pourquoi ne pas considérer tous ces avantages ?

La raison est qu'en conduisant, vous avez au moins la sensation d'être en contrôle. Oui, vous allez probablement mourir, mais au moins ce sera à votre façon. Vous allez choisir l'endroit où le véhicule s'écrasera !

Cet exemple, un peu farfelu, nous enseigne tout de même que lorsque nous prenons le contrôle de notre destinée, même dans des situations difficiles, nous avons beaucoup moins tendance à être stressé par ce que nous vivons.

Les gens riches et heureux savent qu'ils sont les producteurs de leur propre stress. Le stress ne vient pas de leur patron, de leur partenaire, du gouvernement, des immigrants illégaux ou même du chien qui vient de se soulager sur le tapis. Les gens riches et heureux refusent de glisser dans le rôle de victimes.

Répondez aux deux questions suivantes :

1. Vous êtes-vous senti stressé à un moment ou à un autre au cours des deux derniers mois ?

2. Avez-vous eu peur ou vous êtes-vous senti effrayé à un moment ou à un autre au cours des deux derniers mois ?

Chaque fois que je pose ces questions à un auditoire, presque toutes les mains se lèvent à la première question, mais très peu à la seconde.

Dans ce paradoxe réside une clé importante de la formule pour être riche et heureux. Ce que les gens ne réalisent pas, c'est que le stress est la peur.

Il n'y a pas une situation où vous ne pouvez pas remplacer l'émotion du stress par celle de la peur. *Je suis stressé par mon emploi* signifie en réalité «j'ai peur de perdre mon emploi et de ne plus être en mesure de subvenir à mes besoins et à ceux de ma famille». *Je suis stressé à l'idée de faire un discours* signifie en réalité «j'ai peur d'être moche et je crains que les gens se moquent de moi».

Même des situations plutôt sans conséquence cachent une peur derrière le stress. *Je suis stressé par mon voisin qui fait jouer sa musique trop fort* veut probablement dire «je crains de ne pas bien dormir et d'être irritable demain au bureau».

La prochaine fois que vous direz aux gens que vous êtes «stressé sans bon sens», essayez de remplacer la phrase par «je meurs de peur». Notez comment votre expérience se transforme alors.

La raison pour laquelle changer le stress contre la peur est une stratégie si efficace, c'est que si les gens ont fini par accepter qu'il était «normal» d'être constamment stressé, en revanche, ils ne tiennent pas à être dans un état de peur permanent. Ce changement de perception les force à agir et à essayer d'améliorer leur situation au lieu de l'accepter comme s'ils n'avaient pas d'autres choix que de le subir.

Il y a différentes techniques utilisées par les gens riches et heureux pour garder leur contrôle des situations qui créent du stress chez les autres. Plusieurs ont déjà été vues, comme l'ancrage et la visualisation. En voici d'autres.

L'exercice

L'exercice est une forme de stress intentionnel. Ce qui le rend si utile, c'est qu'il offre une période de récupération. Personne ne peut faire une série quelconque de pompes sans s'arrêter pour récupérer. Votre corps ne le permettrait pas. Ainsi, lorsque vous faites des exercices, vous redirigez le stress dans une voie positive et vous vous assurez qu'ils ont une fin.

De plus, l'exercice vous prouve un autre effet bénéfique. Il vous permet de sécréter des endorphines, ce qui entraîne un sentiment de bien-être.

Respirer correctement

Si vous êtes stressé, souvent, votre rythme cardiaque et votre respiration vont s'accélérer. En général, les gens respirent trop brièvement, trop rapidement et avec le haut de la poitrine au lieu de respirer à partir du diaphragme. Dans une situation de stress, c'est pire encore.

Observez votre respiration actuellement. Où se fait-elle ? Si elle se fait dans la partie supérieure de la poitrine, ralentissez-la et descendez-la au diaphragme.

Une respiration lente sur le plan de l'abdomen réduit immédiatement le niveau de stress. Si vous aviez l'habitude de respirer avec le haut du torse, une respiration abdominale peut vous sembler un peu étrange au début. Persistez et cela deviendra normal.

Si vous vous sentez devenir stressé (effrayé !), prenez une profonde et lente respiration sur le plan du diaphragme et, intérieurement, prenez une distance de la situation.

Rire plus

Nous en parlerons plus en détail dans un prochain chapitre. Pour l'instant, acceptez ce conseil : si vous vous sentez stressé à l'extrême, ne prévoyez pas une soirée à jongler à vos impôts qui sont dus en écoutant un CD de Leonard Cohen et en buvant un brandy de piètre qualité. À la place, regardez une comédie, lisez un livre drôle ou visionnez de drôles de vidéos sur *You Tube*. Changez-vous les idées afin de retrouver le goût à la vie.

Dire « ah ! »

Je ne parle pas ici du son que vous faites lorsque le docteur vous demande de tirer la langue. Je vous parle plutôt de l'expression que disent les gens la plupart du temps en poussant un grand soupir de contentement.

Si cela ne vous dérange pas d'avoir l'air étrange aux yeux des autres, faites cinq ou six « ah ! », en soupirant, à voix haute. Sinon, faites-le intérieurement. Ce simple geste envoie un signal au subconscient que tout va bien. Vous vous sentez immédiatement mieux. Cela peut sembler ridicule, mais cela fonctionne.

Ralentir et être dans le moment présent

À part les sports, il y a peu de choses qui ne méritent pas d'être faites plus lentement et consciencieusement. Cela inclut de déguster un bon repas, de faire une promenade ou de conduire l'auto.

La société a tendance à nous faire croire qu'il faut faire toujours trois choses en même temps. On a l'impression qu'il faut tout faire le plus rapidement et passer à autre chose. Ce n'est pas vrai.

Essayez pendant quelques jours de vous asseoir pour le dîner sans faire autre chose en même temps et sans penser à tout ce que vous avez à faire ensuite. Ralentissez la prochaine fois que vous serez sur l'autoroute et notez si vous arrivez vraiment plus tard à destination. Les recherches ont démontré que conduire agressivement fait rarement une différence sur le temps du trajet, mais que cela influence beaucoup votre fatigue et votre consommation d'essence.

Détendre le corps

Cet aspect est essentiel. Prenez le temps de vous détendre.

Il y a plus de six cents muscles dans le corps humain. Bien que leur état naturel soit d'être au repos, les gens sont si souvent tendus que c'est l'opposé qui se remarque. Ils sont entraînés à être tendus.

Immédiatement, prenez un instant pour détendre complètement votre visage. Allez, personne ne vous regarde, et si jamais quelqu'un vous voit, on s'en fout.

Commencez par le haut de votre tête et descendez en accordant une attention spéciale aux muscles autour des yeux, de la bouche et des mâchoires. Un par un, détendez-les. Ressentez la sensation d'un visage détendu complètement.

La tension semble naturelle pour la plupart des gens parce que c'est ce qu'ils vivent depuis leur vie d'adulte. C'est comme adopter une bonne posture assise si nous sommes habitués de nous asseoir croche. Nous demandons à notre corps d'adopter une posture à laquelle il n'est pas habitué.

Accordez-vous constamment du temps pour vous détendre et cela deviendra de plus en plus naturel. Et vous vous sentirez mieux.

La relaxation aide à maintenir une bonne santé, réduit le stress et favorise un bon sommeil. En plus, elle vous garde jeune! Avez-vous déjà entendu quelqu'un dire dans un salon funéraire que le défunt avait l'air dix ans plus jeune? C'est parce que toute la tension a disparu et que le corps et les muscles sont au repos. Mais, vous ne voulez pas attendre d'être mort pour que les gens disent que vous avez l'air plus jeune, non? Alors, pratiquez dès maintenant la relaxation physique.

Détendre l'esprit

Il y a plusieurs excellentes façons de détendre votre esprit, mais soyons clairs, la télévision n'en fait pas partie. Je n'ai rien contre la télévision. J'aime bien la regarder, spécialement si on y présente mes sports favoris: le soccer et le football. J'aime bien aussi regarder un bon film et suivre des séries. Mais, je suis conscient que cela ne détend pas vraiment mon esprit.

Il y a une solution absolument gratuite qui favorisera beaucoup plus la détente de votre esprit. Cette solution est simple et sans frais d'abonnement. Il a été prouvé qu'elle aide les gens à vivre plus longtemps, à améliorer leurs capacités cognitives, à réduire le niveau de stress, à favoriser la paix de l'esprit et à mieux dormir. Elle a des bénéfices cumulatifs, ne présente aucun effet secondaire, sauf peut-être le désir de continuer à la pratiquer.

C'est la méditation. La méditation est si simple que bien des gens s'en moquent...

La méditation est une forme de concentration. C'est ce qu'elle est vraiment. Vous pouvez essayer de la définir de bien des façons, dire que c'est un état de transe ou que c'est être dans le moment présent, tout cela revient au même.

Vous pouvez méditer en position couchée, assise, debout ou même en marchant, du moment que vous êtes dans l'instant présent. Les gens me disent souvent qu'ils sont incapables de méditer. Je leur dis qu'ils en sont capables, car si une personne peut respirer, elle peut méditer.

Même si votre cerveau a deux millions de pensées par seconde, il y a une façon très simple de le ralentir : vous concentrer sur votre respiration. Ressentez le souffle entrer et sortir. Concentrez-vous en même temps sur vos sensations physiques, comme vos poumons qui se gonflent. Dès lors, votre esprit est trop concentré pour s'occuper des dialogues intérieurs et des pensées qui vont et viennent. Peut-être ne resterez-vous dans cet état que quelques instants, mais ces moments seront paisibles. Bâtissez sur eux, recommencez et réessayez. Chaque fois, essayez de rester concentré toujours un peu plus longtemps.

Avec le temps, vos efforts seront récompensés, car vous vous sentirez de mieux en mieux.

Lorsque je propose la méditation à mes clients, la plupart me répondent qu'ils n'ont pas le temps. Pas besoin d'allouer une heure par jour à la méditation. Dix minutes sont déjà mieux qu'aucune. En plus, la méditation peut se faire n'importe où et n'importe quand. Vous pouvez choisir de ne pas avoir le temps de méditer, mais ce n'est pas la même chose que de ne pas avoir de temps.

Être présent

Vous n'avez que ce moment. Le passé est parti pour toujours et le futur peut ou ne peut même pas arriver. Si vous perdez votre temps dans l'une de ces deux dimensions, vous ratez la seule réalité qui existe : maintenant !

Vous ne pouvez pas être stressé en étant dans le moment. Vous vous stressez en pensant à ce qui est déjà arrivé et à ce qui pourrait survenir, mais jamais à propos de ce qui se passe au moment présent.

CHAPITRE 30

Ignorez la plupart des gens

La plupart des gens ne sont pas riches et heureux. Pourtant, ces mêmes personnes n'hésitent pas à vous dire comment vous devriez vivre votre vie. Elles vous diront même comment devenir riche et heureux, alors qu'elles n'ont jamais su le devenir elles-mêmes.

Si vous ne prenez pas garde, vous pourriez souffrir de l'osmose par association. En d'autres mots, vous allez commencer à devenir comme ceux qui vous entourent.

Repensez à l'exemple des trois amis qui souffraient d'embonpoint. Ils voulaient tous perdre du poids, mais leurs habitudes de vie n'allaient pas dans ce sens. Soudain, l'un d'eux se motive et parvient à perdre cinq kilogrammes. S'il reste auprès des deux autres, il est presque assuré de reprendre ces kilogrammes. Pourquoi? Parce que les deux autres amis sont maintenant conscients qu'il est possible de perdre du poids, et cela les rend responsables de leur surpoids. Cela dit, ils ne veulent pas se le faire rappeler. Alors, ils encouragent le premier à revenir à ses anciennes habitudes. Leurs tentatives seront subtiles et peut-être même inconscientes. Néanmoins, l'osmose entre en jeu et les cinq kilogrammes sont repris.

Les gens riches et heureux reconnaissent que l'osmose par association peut saboter leurs efforts. Du coup, ils comprennent aussi que lorsqu'elle est faite avec les bonnes personnes, l'osmose par association peut littéralement améliorer leur capacité à être riches et heureux. Ils savent que c'est un point important de la formule.

À Paris, en France, se trouve une magnifique structure métallique dont le créateur, Alexandre Gustave Eiffel, était un adepte de l'art d'ignorer les gens. Il est le créateur de la tour Eiffel, symbole par excellence de Paris et de la France.

En 1889, en vue du centième anniversaire de la Révolution française, les autorités de Paris décidèrent de lancer une compétition pour la conception et la réalisation d'une structure qui éclipserait le monument de Washington qui venait à peine d'être complété aux États-Unis et qui se voulait alors la plus haute structure au monde faite par l'homme.

À part le projet inusité d'une immense guillotine, les autorités reçurent la proposition d'Eiffel de construire une tour qui mesurerait près de 330 mètres, soit presque le double du monument de Washington. Eiffel affirma pouvoir réaliser son projet en moins de deux ans. Au moment de le présenter, il avait d'ailleurs déjà réalisé plus de cinq mille dessins, ce qui démontrait ses capacités

Comme il avait fallu 37 ans pour réaliser le monument de Washington, la prétention d'Eiffel de réussir à compléter sa structure en deux ans était audacieuse.

Beaucoup de gens affirmèrent qu'Eiffel n'y arriverait pas ou qu'il devrait changer ses plans. On disait de plus que la structure gâcherait le coup d'œil sur Paris et qu'elle ferait ombrage à d'autres structures monumentales, comme le Louvre et la cathédrale de Notre-Dame. Un professeur de mathématique soutint même qu'il était impossible de construire une tour d'une telle hauteur et qu'elle s'écroulerait dès qu'elle atteindrait 250 mètres. Les journaux de Paris participèrent aussi au dénigrement du projet d'Eiffel alléguant que sa tour tuerait tous les poissons de la Seine à cause de ses paratonnerres ou qu'elle causerait des changements climatiques.

Eiffel ignora tous ses détracteurs et, à la place, il se servit de l'osmose par association de façon positive. Il s'entoura d'ingénieurs, de personnes d'autorité et de gens d'affaires qui croyaient en son projet. Il contourna le problème des coûts d'investissement (qu'avaient connus les États-Unis)

en décidant que la tour générerait des revenus. Les deux premiers étages de la tour furent conçus pour des marchands qui loueraient l'espace. Les visiteurs débourseraient un coût pour monter dans la tour établi en fonction de la hauteur à laquelle ils souhaiteraient se rendre. Au total, Eiffel planifia que la tour pourrait accueillir plus de dix mille visiteurs par jour, chacun d'eux payant pour la visite.

Au point de vue de la construction, Eiffel se servit habilement de son réseau de Qui tout en ignorant ses détracteurs. Il demanda à ses dessinateurs et à ses ingénieurs de préparer toutes les pièces selon des spécifications précises, incluant l'utilisation de très petites pièces, ce qui allait à l'encontre des conventions habituelles. Grâce à la précision de ses devis, les parties s'assemblaient parfaitement ensemble, et parce qu'elles étaient petites, elles pouvaient être manipulées plus facilement et plus rapidement. Tout cela permit aux ouvriers sur le chantier de poser plus de 1 600 rivets chaque jour de l'assemblage.

La tour fut érigée en vingt et un mois, donc deux mois avant l'échéancier. Durant les six premiers mois des célébrations centenaires, la tour Eiffel rapporta plus d'argent qu'il n'en coûta pour la construire. Et comme Eiffel avait avancé 80 % des fonds pour bâtir la tour, il négocia avec la Ville de Paris un rendement des revenus de la tour pour les vingt premières années de son existence. Lorsque ces vingt ans furent écoulés, la tour est devenue la propriété de la Ville qui avait alors le droit de la démolir.

Mais, sans surprise, la Ville conserva la tour, et grâce à l'impressionnante utilisation qu'Eiffel fit de la formule pour être riche et heureux, Paris a l'un des symboles les plus reconnus et les plus lucratifs de la planète!

Souvenez-vous de l'histoire d'Eiffel qui, en passant, révèle un autre point intéressant.

Parmi les gens qu'Eiffel a eu l'intelligence d'ignorer figurait le premier ministre de la France de l'époque. Il n'appuyait pas le projet. Après que la tour fut complétée et qu'elle devint le symbole de la France, ce même premier ministre remit la médaille de la Légion d'honneur française à Eiffel.

Parfois, ce sont les gens près de vous, des gens qui ont de bonnes intentions et qui vous veulent réellement du bien, que vous devez ignorer, même s'il vous faut du courage pour le faire. C'est ce qu'a fait Sam Horn, et selon elle, ce fut le tournant dans sa quête d'une vie riche et heureuse.

Lorsque Sam était jeune et qu'elle devait choisir son domaine d'étude à l'université, les gens lui répétaient qu'elle devait étudier en droit ou en médecine afin de bien utiliser ses capacités intellectuelles. Sam comprenait le point de vue des gens, mais elle savait intérieurement que de telles carrières exigeraient d'elle des sacrifices qui ne cadraient pas avec la qualité de vie qu'elle désirait.

Elle était également convaincue qu'elle pourrait utiliser ses capacités intellectuelles en faisant ce qu'elle aimait et en étant bien rémunérée pour le faire. Alors, elle suivit son cœur, ignora l'avis des gens et étudia en administration récréative, un domaine que bien des gens ridiculisaient. Mais, pour Sam, sa décision l'aligna sur une sereine destinée. Une suite d'événements imprévus se présentèrent, ce qui est toujours le cas lorsque nous prenons des décisions basées sur nos valeurs, nos buts et nos principes plutôt que de tendre vers ce que les autres pensent que nous devrions faire ou de succomber à la pression sociale et à ses stéréotypes.

Le jour où Sam obtint son diplôme, elle reçut un appel d'un ancien patron qui lui demandait si elle acceptait de prendre en charge le programme de mise en forme pour cadres supérieurs pour un hôtel à l'Hilton Head Island. Elle accepta et comprit rapidement qu'elle avait eu raison de croire que lorsque l'on choisit de faire ce que l'on aime, les choses se placent de façon favorable.

Par la suite, elle fut recrutée par une organisation, le World Championship Tennis, et eut l'occasion de participer à la mise sur pied du premier Country Club pour les sports de raquettes à Washington. Cette occasion lui permit de jouer au tennis à la Maison-Blanche et d'être assise dans la loge présidentielle au Centre Kennedy.

Puis, à 26 ans, elle eut de nouveau le défi d'ignorer la plupart des gens et de suivre son cœur. Elle prit une fois de plus la seconde option et partit en expédition à travers le Canada. Au cours de son périple, elle s'interrogea sur ce qu'elle pourrait faire pour la suite qui apporterait quelque chose de positif dans le monde et la rendrait autonome.

Sam avait grandi dans une petite ville. Comme la plupart des gens, elle avait regardé dans des magazines, des articles et des photos de gens célèbres et prospères. Comme jeune fille, elle avait cru que la célébrité et la fortune créaient un état naturel de bonheur.

Le temps qu'elle avait passé à l'Hilton Head Island et à Washington lui apprit autre chose cependant. En se promenant le long des marinas et en parlant avec les gens de leurs bateaux de plusieurs millions de dollars, elle découvrit que plusieurs d'entre eux étaient malheureux.

Elle avait côtoyé des gens riches et célèbres ainsi que des athlètes professionnels. Elle avait donc compris, non pas intellectuellement, mais viscéralement que la gloire et l'argent seuls ne rendent pas les gens nécessairement heureux. Par contre, elle apprit que développer une solide et durable confiance personnelle a plus de chances de rendre les gens heureux. Développer un état intérieur de calme et de paix, peu importe ce qui se passe autour, un sentiment de savoir qui naît lorsque l'on fait ce que l'on est venu faire sur terre, non ce que les autres exigent de nous, et que l'on veut précisément faire une différence dans le monde.

Sam avait compris ce que Gertrude Stein voulait dire par ces mots: « Laissez-moi m'écouter moi-même, et non eux. »

Toutes ces prises de conscience menèrent Sam à créer la phase suivante de sa vie. Depuis, elle est apparue sur les principaux réseaux américains de télévision, elle a écrit six livres, a été invitée à donner des conférences à travers le monde, a élevé ses enfants et a conservé un lien profond avec eux et a fait une différence dans la vie de plus de dix millions de personnes par son travail comme consultante auprès des auteurs.

Pour en savoir plus sur Sam Horn, visitez le www.samhorn.com.

L'histoire de Sam illustre de belle façon la puissance qui nous sert lorsque nous savons ignorer la plupart des gens. Elle a vécu une vie riche et heureuse en s'entourant de gens qui l'encourageaient à vivre sa vie. Comme le croyait sa mère, «l'encouragement est l'oxygène de l'âme». Tous ceux qui ne pensent pas ainsi sont ignorés.

Les histoires d'Eiffel et de Horn sont étonnantes, mais elles ne sont pas les seuls exemples de gens qui ont dû ignorer les autres pour réussir.

Roger Bannister, le premier à avoir couru 1,6 kilomètre en moins de 4 minutes, n'a pas écouté les scientifiques qui lui disaient qu'un tel exploit était impossible.

Les Beatles ont persévéré et ont vendu des milliards de disques. Pourtant, le directeur des disques Decca A & R leur avait mentionné qu'un groupe de guitaristes n'était plus à la mode.

Barack Obama refusa d'accepter l'idée qu'un Afro-Américain ne puisse jamais être élu comme président.

Jim Abbot ignora ceux qui lui disaient qu'un homme avec un seul bras ne pourrait jamais jouer dans les ligues majeures de baseball. Il leur prouva le contraire en remportant le plus de victoires pour une recrue de toute l'histoire de ce sport.

L'équipe jamaïcaine de luge n'a pas écouté ceux qui lui racontaient qu'elle ne pourrait jamais aller aux Jeux olympiques.

Walt Disney ignora les commentaires selon lesquels construire un parc thématique sur un marécage était une idée de rêveur. Il a aussi ignoré les avis de plus de cent banques qui avaient poliment refusé de lui prêter l'argent pour le construire.

J. K. Rowling, l'auteure de la série *Harry Potter*, a ignoré les douze éditeurs qui ont refusé son manuscrit original. Elle vendit tout de même plus de quatre cents millions de livres et devint la première femme à présenter une valeur nette d'un milliard de dollars sans avoir hérité.

Rosa Parks, considérée comme la mère des droits civils aux États-Unis, a ignoré les mœurs qui lui assignaient une place dans l'autobus selon la couleur de sa peau.

Finalement, ma femme ne m'a pas écouté lorsque je lui ai dit qu'il n'était pas question d'avoir un autre chien!

Le monde est rempli de gens qui vont vous dire pourquoi vous ne pouvez pas être riche et heureux. Ignorez-les tous. C'est votre vie, pas la leur. Utilisez l'osmose positive par association et entourez-vous de gens qui croient en vous, incluant ceux qui vivent déjà leur vie riche et heureuse.

« Ne vous demandez pas ce dont le monde a besoin. Demandez-vous ce qui vous motive à vivre, et faites-le. Parce que ce dont le monde a besoin, ce sont des gens qui veulent vivre. »
— Howard Thurman

CHAPITRE 31

Brillez dans une comédie, pas dans un drame

Après des années de recherches, j'en suis venu à la conclusion qu'il y a deux possibilités à nos existences.

La première est que nous existions avant notre naissance, que nous existerons après notre mort et qu'entre ces deux étapes, nous vivons une expérience dans un corps physique.

La seconde est que cette même expérience physique est la seule qui existe et qu'après la mort, c'est terminé.

J'ai cependant compris que votre croyance personnelle concernant ces deux possibilités n'a pas vraiment d'influence sur le fait que vous pouvez vivre une vie riche et heureuse. Cependant, que vous y ayez réfléchi ou non a de l'importance.

Pensez-y. Si notre vie dans un corps physique est seulement une expérience sur le chemin entre l'avant et l'après-vie, alors rien ne justifie que nous nous emportions à propos de choses sans grande importance. Après tout, si vous êtes une énergie infinie, alors pourquoi passer vingt ans de votre vie à être enragé parce que votre père a quitté la maison lorsque vous aviez douze ans?

À une échelle moindre, pourquoi vous mettre en colère lorsque quelqu'un vous coupe la voie en auto? Cet événement ne compromet que quelques secondes de votre vie. À la place, vous devriez peut-être vous détendre et apprécier la vie. Faites ce que vous voulez faire, voyez ce que vous désirez voir et vivez n'importe quelle aventure qui vous appelle.

Que peut-il vous arriver de pire? Mourir? Cela va arriver de toute façon. Ensuite, on verra s'il y a quelque chose après.

Si, par contre, vous décidez après y avoir réfléchi, que la seconde possibilité est la bonne – que votre vie physique est tout ce qui existe et qu'après la mort, il n'y a rien –, vous arriverez probablement aux mêmes conclusions que si vous optiez pour la première possibilité.

Vaut-il la peine de passer autant de temps à se préoccuper d'une banalité? Cela vaut-il la peine de laisser votre vie s'écouler dans un cubicule à faire un travail qui vous déplaît? Pourquoi ne pas vivre pleinement? Faites tout ce que vous avez toujours voulu faire, vivez les expériences dont vous rêviez. Arrêtez de vous en faire autant et profitez de la vie.

Peu importe la possibilité que vous croyez la bonne en ce qui concerne votre vie, vous avez avantage à y réfléchir. Les gens riches et heureux le font. Les autres sont si occupés à faire tourner la roue de la vie qu'ils n'ont pas le temps d'y réfléchir, et encore moins d'en retirer un bénéfice. De plus, ils sont constamment stressés. La vie les contrôle, contrairement aux gens riches et heureux qui contrôlent leur vie.

Lorsque vous répondrez, par vous-même, à la question: «Pourquoi suis-je ici et qu'arrive-t-il après?», vous vous sentirez beaucoup plus léger, comme si toute la pression était tombée. Et cela vous donnera un autre aspect de la formule, celui de sourire plus.

Peu importe ce que signifie pour vous être riche et heureux, sourire plus vous aidera à y parvenir.

Vos Qui seront beaucoup plus réceptifs si vous souriez ou s'ils ressentent la légèreté dans vos échanges.

Le sourire est un indice pour savoir si quelqu'un est un ami ou un ennemi. Vous pouvez déceler un sourire sincère de très loin, et il annonce toujours quelque chose de bien. Plus vous souriez, plus le monde vous regarde et a de vous une bonne impression. Et plus ils ont une bonne impression, plus ils sont enclins à vous faire confiance, à croire en vous, à vous apprécier et à vouloir vous aider.

Les bénéfices du sourire se font aussi sentir sur le plan psychologique. Dans une étude menée à la *Loma Linda Medical School*, on a analysé les différentes réactions chimiques du corps lorsque des participants visionnaient des comédies à la télévision. Les résultats ont démontré qu'après avoir ri et souri, les participants avaient un très faible taux d'hormones de stress (épinéphrine) et une augmentation du taux d'endorphine, qui est l'hormone naturelle du corps contre la douleur.

Même leur système immunitaire avait subi des changements. Leurs hormones gamma interféron, qui stimulent le système immunitaire et travaillent à détruire les virus et à régulariser la croissance des cellules, étaient en hausse. L'activité de la substance appelée « Compliment 3 », qui aide les anticorps à éliminer les cellules détruites ou infectées, avait aussi augmenté.

Étonnamment, ces réactions physiologiques avaient commencé à se manifester dès l'instant où les participants ont été avisés qu'ils regarderaient des comédies, avant même que les films débutent. Selon les chercheurs, anticiper quelque chose de drôle ou revivre en mémoire une cocasserie qui s'est déjà déroulée a le même effet que de vivre réellement un moment drôle.

N'est-ce pas spectaculaire ? Vous avez la capacité de stimuler votre système immunitaire et de modifier votre état simplement en pensant à quelque chose de drôle. Souriez, riez et vivez plein de minutes riches et heureuses et prolongez votre vie.

En passant, le drame a l'effet contraire sur le corps, à court et à long terme.

Lors d'une étude menée par le *Journal of Personality and Social Psychology*, 75 couples mariés étaient suivis pendant six mois. Les chercheurs trouvèrent un lien significatif entre le stress quotidien et l'apparition de problèmes de santé comme la grippe, le rhume, les maux de tête et les maux de dos.

L'association américaine de psychologie a identifié un lien entre le stress et les six premières causes de mortalité : maladie de cœur, cancer, maladie pulmonaire, accident, cirrhose et suicide. Elle a aussi noté que 75 à 90 % des consultations médicales chez les docteurs omnipraticiens étaient liées au stress.

Voilà autant de bonnes raisons de sourire plus et de s'inquiéter moins. À propos, je vous recommande le petit exercice suivant. Je l'appelle le sourire en cascade. En marchant quelque part, établissez un contact visuel avec une personne choisie au hasard et souriez-lui en la croisant. Elle vous sourira, je vous le promets. Elle n'y pensera pas, mais elle sourira. Ce sera une réaction physiologique instantanée. Et à ce moment, une autre personne aura remarqué votre sourire et elle sourira à son tour. Et chacun croisera d'autres personnes et leur sourira, ce qui entraînera une cascade de sourires. C'est une façon très simple, mais efficace de stimuler votre système immunitaire, de vivre des minutes riches et heureuses et d'aider les autres à en faire autant.

Alors, que faire si le monde semble s'acharner sur vous, si rien ne va, si vous êtes déprimé et si la malchance vous suit de près ? Pour commencer, cessez de vouloir calmer les vagues.

Les revers et les défis font partie de l'existence. Ils nous aident à grandir, à tester notre volonté et à nous pousser vers de nouveaux sommets.

Cela dit, je suis le premier à admettre que certains jours, j'ai l'impression d'avoir suffisamment grandi et d'être las des défis. Je préférerais alors que les choses demeurent comme elles sont.

Malheureusement, c'est comme se tenir sur la plage à regarder les vagues venir et repartir, venir et repartir, puis soudainement leur donner l'ordre de cesser ce mouvement.

Tout comme les mouvements des vagues font partie de l'Univers, les hauts et les bas font partie de la vie. Hurler et crier n'y changeront rien. Souvenez-vous plutôt que, tout comme les vagues retournent à la mer après s'être fracassées sur la plage, les temps creux et difficiles finissent toujours par passer. Et après, vous connaissez de bons moments. Mais, si vous êtes toujours en train de hurler, vous les manquerez.

Lorsque vous êtes au milieu de défis, rappelez-vous l'une des phrases favorites d'Oprah pour affronter les moments difficiles : « Cela aussi passera. » Et c'est vrai, tout passe.

Une autre technique pour composer avec les moments difficiles est de vous souvenir de votre liste de rires. C'est une technique que les gens riches et heureux ont appris à maîtriser, sous une forme ou sous une autre.

Rédigez une liste de trois choses qui vous font au moins sourire, mais de préférence qui vous font rire et même vous tordre de rire chaque fois que vous y pensez. Tout le monde a ce genre de souvenirs. Ce sont des choses que vous avez vues, des scènes de films, une réplique dans un livre, une blague que l'on vous a racontée, un événement qui vous est arrivé, à vous ou à quelqu'un que vous connaissez...

Peu importe la nature de ces souvenirs, l'important c'est que lorsque vous y pensez, vous ne pouvez vous empêcher de rire.

Écrivez ces trois choses. C'est votre liste de rires. Pas besoin de les écrire en détail, quelques mots suffisent s'ils vous permettent de vous rappeler ces choses drôles.

Gardez cette liste sur vous jusqu'à ce que vous l'ayez mémorisée. Puis, chaque fois que vous vous sentirez déprimé, en colère, frustré, troublé, repassez cette liste point par point. Repensez alors aux détails, revoyez les scènes, entendez les paroles prononcées... En quelques minutes, votre humeur changera. Vous vous surprendrez à sourire – parfois même en dépit des efforts que vous pourrez faire pour l'éviter. Mais, l'important, c'est qu'en souriant – ou en riant –, vous provoquerez les réactions chimiques positives dans votre corps.

Laissez-moi vous donner un exemple qu'une de mes amies me partagea après que je lui ai parlé de cette technique. C'est une adepte du dessin animé *Les Simpson*. Pour ceux qui ne le connaissent pas, ce dessin animé est présenté à la télévision depuis quelque vingt ans. Ses auteurs sont reconnus pour leur humour plutôt irrévérencieux.

Un des épisodes fait particulièrement rire mon amie. C'est celui où Homer est très troublé et part acheter un fusil. Il choisit son fusil et le vendeur lui dit qu'il y a un délai de livraison de cinq jours. Homer n'arrive pas à le croire et lui répond : « Cinq jours ? Mais, c'est maintenant que je suis malheureux. »

Chaque fois qu'elle est malheureuse, mon amie se rejoue cette scène dans sa tête. Dès qu'elle y pense, elle rit, et quand elle rit, elle ne peut rester triste. Dommage qu'Homer Simpson n'ait pas connu cette technique.

Voici un autre exemple. À un moment de ma vie, j'étais consultant auprès de grandes entreprises pour les aider à atteindre un succès financier maximal. Je devais alors travailler avec une équipe que je dirigeais. La plupart du temps, l'environnement était plutôt stressant, et les heures de travail, très longues.

Sur un des projets, un des gars de l'équipe avait trouvé un site appelé « Tu es mon ami » (*You are my friend*). Sur ce site, on vous invite à inscrire le nom de quelqu'un. Puis, une minividéo démarrait, accompagnée d'une musique d'orchestre et de paroles inspirantes. À la fin, le nom que vous aviez inscrit apparaissait avec en dessous la phrase « Tu es mon ami ».

Inévitablement, à 22 h 30, alors que nous étions fatigués, frustrés et que nous ne fonctionnions que sur l'adrénaline, quelqu'un de l'équipe se branchait à ce site et tapait le nom de la personne qui avait été notre plus grande source de frustration de la journée, celle à cause de qui nous étions encore là à une heure aussi tardive. La petite vidéo roulait, la petite musique jouait, les mots d'inspiration étaient récités et à la fin, le nom de la personne apparaissait : « Tu es mon ami ». Peu importe à quel point la journée avait été mauvaise, nous éclations toujours de rire. C'était si ridicule, si drôle, que nous ne pouvions nous empêcher de rire.

C'est le but de la liste de rires.

Si vous n'avez pas une bonne mémoire, servez-vous de la technologie pour vous aider avec votre liste de rires. Une personne que je connais a enregistré sur son téléphone cellulaire une réplique tirée du film *Austin Powers*. Chaque fois que les choses ne vont pas à son goût, il rappelle un des messages sauvegardés sur son téléphone et il entend Mike Myers dire au Dr Evil : « Vous savez, je n'ai qu'une seule demande, celle d'avoir des requins avec des rayons laser attachés à leur tête. Est-ce trop demander ? »

Et cela fonctionne chaque fois. Dès qu'il entend cette réplique, il sourit, rit et se sent mieux.

Voulez-vous un autre exemple ? C'est un point que j'ai récemment ajouté à ma liste de rires. Dans la comédie *Wedding Crashers*, il y a une scène au début du film dans laquelle deux personnes ont une intense discussion. Dans un élan de frustration, l'une dit à l'autre : « Ferme ta bouche quand tu me parles. » C'est si ridicule que c'en est drôle, et j'en ris.

En fait, c'est un exemple amusant de la façon dont des couples évitent l'affrontement entre eux (et je parle par expérience). Si, bien sûr, les partenaires connaissent le contexte et l'origine de cette réplique, chaque fois qu'ils sont sur le point de se taper sur les nerfs l'un et l'autre, l'un d'eux peut lancer d'une voix sarcastique : « Ferme ta bouche quand tu me parles. » Instantanément, la tension baissera.

Vous vivrez des minutes riches et heureuses non seulement en repensant à votre liste de rires, mais également en la partageant avec les autres.

Presque tout ce que les gens ont inscrit sur leur liste de rires et qu'ils me partagent me fait rire aussi. Vous gagnez ainsi du nouveau matériel drôle.

Il peut arriver un moment où vous n'aurez même plus à conserver une liste de rires. Plusieurs personnes riches et heureuses atteignent ce moment. Dès qu'ils se sentent en colère ou troublés, ils commencent à sourire et à rire. Ils ont atteint un tel niveau de conscience que dès qu'ils sentent monter les émotions de colère ou de frustration, au lieu de s'y abandonner, ils brisent immédiatement ces états naissants. En même temps, ils entrent dans un état plus positif et productif.

C'est important parce qu'il n'est pas possible de vivre des minutes riches et heureuses lorsque vous êtes en colère ou troublé. Et plus vous demeurez dans ces états, moins vous avez de temps pour votre vie riche et heureuse.

Et, bien sûr, vous ne voulez pas gaspiller vos minutes riches et heureuses. L'utilisation d'un outil comme la liste de rires ne signifie pas que les gens riches et heureux se foutent de ce qui arrive et sont indifférents. Ce serait être apathique. À la place, lorsqu'une situation difficile survient, ils choisissent consciemment quel état émotionnel peut le plus les aider à passer au travers. Ils arrivent à faire la distinction entre l'événement et la réaction émotionnelle. Dorénavant, vous êtes vous aussi en mesure de le faire.

Votre attitude et celle des gens dont vous vous entourez ont un énorme impact sur votre quête vers une vie riche et heureuse. Alors, conservez votre liste de rires et, une fois par jour, pratiquez le sourire en cascades et cessez de vouloir arrêter les vagues.

Non seulement ces exercices auront-ils un effet sur votre vie riche et heureuse, mais ils vous permettront de faire une différence dans la vie des gens qui vous entourent. Et pour la plupart des gens riches et heureux, c'est en bonne partie ce que signifie être riche et heureux.

Le mot de la fin

« J'ai appris que si une personne poursuit avec confiance ses rêves et qu'elle entreprend de vivre la vie qu'elle désire, elle vivra un succès inattendu. »
— Henry David Thoreau

Félicitations! Vous l'avez fait! Vous avez entrepris votre ascension vers une vie riche et heureuse.

Depuis le début de votre lecture, vous avez parcouru beaucoup de chemin. Vous avez appris tout ce que vous aviez besoin d'apprendre pour créer la vie de vos rêves, celle que vous méritez.

La suite dépend de vous et de la situation dans laquelle vous êtes actuellement. Peut-être qu'après avoir identifié ce que *riche* et *heureux* signifient pour vous, il est temps de changer de carrière, de faire le tour du monde, de démarrer votre propre entreprise ou de passer plus de temps avec votre famille ou vos amis.

Ou peut-être vous concentrez-vous à solidifier vos nouvelles croyances sur l'argent, à ajuster vos dépenses pour maximiser votre RRH, à pratiquer l'art de quitter les gens au besoin ou à lancer des rires en cascade.

Peu importe ce que vous décidez, sachez que vous avez dorénavant tout ce dont vous avez besoin pour être riche et heureux. Bien des choses peuvent s'acquérir puis se perdre dans la vie, mais pas la connaissance. Lorsque vous l'acquérez, vous en récoltez les bénéfices tout au long de votre vie. Vous connaissez la formule pour être riche et heureux. Elle vous appartient pour toujours et vous en profiterez toute votre vie.

Mettez cette connaissance en pratique dès aujourd'hui. Comme vous l'avez appris, les nouveaux comportements peuvent remplacer les anciens seulement s'ils sont mis en pratique. Alors, faites-le, vous le méritez.

Inspirez les autres à vivre leur vie riche et heureuse. Plusieurs personnes riches et heureuses se sentent comblées lorsqu'elles participent à faire une différence dans la vie des autres. Si c'est votre cas, alors parlez aux autres de ce que vous avez appris dans ce livre.

Ne sous-estimez pas l'impact d'un sourire ou d'une parole inspirante sur un être humain.

Même si vous terminez la lecture de *Riche et heureux*, cela ne veut pas dire que nous (auteurs) n'avons plus à travailler ensemble. Nous voulons que vous viviez une vie riche et heureuse. Nous voulons que vous utilisiez la formule pour être riche et heureux. Et nous voulons continuer à vous aider au besoin.

À cette fin, nous offrons notre soutien par notre blogue, nos conseils, nos séminaires, nos téléséminaires et, selon nos agendas, le *coaching* individuel.

Toutes les informations au sujet de ces ressources sont disponibles au *www.howtoberichandhappy.com.*

Encore une fois, félicitations. Votre vie riche et heureuse vous attend. Foncez !

John et Tim

Le projet de diffuser un million de livres

Félicitations! En lisant ce livre, vous faites partie de quelque chose d'étonnant, soit un mouvement pour aider les gens de toutes les couches de la société et pour les rendre plus forts.

Depuis sa parution, *Riche et heureux* a inspiré et aidé des gens de partout dans le monde à faire ce qu'ils voulaient, quand ils le voulaient.

Cet exemplaire que vous tenez fait partie du million d'exemplaires que les auteurs John P. Strelecky et Tim Brownson se sont donné comme mission de diffuser.

Pour y parvenir, ils ont besoin de votre aide. Pour en savoir plus sur ce projet, visitez le site *www.howtoberichandhappy.com*.

Dans l'esprit de donner au suivant, si ce livre vous a aidé à changer votre vie, aidez-nous à faire une différence dans la vie de quelqu'un d'autre.

Au sujet des auteurs

John P. Strelecky

Selon Gannett Media (*USA Today*), John P. Strelecky a mis le doigt sur le pouls du monde.

À vingt et un ans, John était dans la misère. Il vivait sur le seuil de la pauvreté, son avenir semblait sans issue et il était, selon ses propres dires, vide d'espoir. Puis, une expérience personnelle a changé sa vie à jamais et l'a inspiré à poursuivre une existence riche et heureuse.

Depuis, il a été reconnu comme étant l'une des cent personnalités les plus influentes dans le domaine du développement personnel et du *leadership*, aux côtés d'Oprah Winfrey, Wayne Dyer, Tony Robbins, Deepak Chopra et Lance Armstrong. Il est l'auteur du livre à succès *Le Why Café*, traduit en vingt langues, et des livres *Le safari de la vie*, *Les 5 Grands Rêves de Vie* et *Riche et heureux*.

Son expérience personnelle et ses vingt années de recherche et d'étude font de lui un expert dans la façon de devenir riche et heureux. Il a eu l'honneur de partager ses connaissances partout dans le monde, parfois à la même tribune que des personnes sélectionnées pour le prix Nobel de la paix et des philanthropes reconnus. Il est de plus apparu dans des magazines tels que *Personnal Excellence* et *Money N'Profits*.

Lorsqu'il n'est pas en période d'écriture ou de conférences, John voyage beaucoup. Lui et sa femme ont d'ailleurs accompli un voyage de neuf mois, avec sac à dos, autour du monde. Il a aussi visité le bassin de l'Amazone, la péninsule du Yucatan et la Chine.

Pour plus d'informations, visitez le *www.bigfiveforlife.com*.

Tim Brownson

Tim Brownson est un *coach* de vie professionnel et un maître praticien en PNL.

Il est l'auteur du livre *Don't Ask Stupid Questions – There Are No Stupid Questions* et il gère un populaire blogue sur le développement personnel (*www.timbrownson.com*).

D'origine britannique, il vit en Floride avec sa femme depuis 2006. Reconnu pour son humour caustique, pour son côté terre-à-terre et pratique dans ses conseils et pour son sens de l'irrévérence, il s'est attiré les surnoms suivants : « le vrai *coach* de vie » et « le *coach* de vie renégat ».

Par son intérêt pour le développement de l'être humain et par son désir d'aider les gens à manifester leur plein potentiel, il a délaissé une brillante carrière dans la vente et s'est dirigé vers le *coaching* avant d'immigrer aux États-Unis.

Il a aidé des centaines de personnes partout dans le monde, aussi bien par téléphone que par consultation privée. Il utilise maintenant ses connaissances, son enthousiasme et son expérience pour inspirer les gens à devenir riches et heureux.

Dans ses temps libres, Tim aime regarder le football (américain), jouer au golf et permettre à ses dobermans de l'emmener en promenade.

Posez plus de questions, pas la même question, plus souvent.

Reconnaissez que vous pouvez être tout ce que vous désirez.

Sachez que la performance n'est pas l'identité.

Réalisez que vous êtes égal à toute personne.

Réalisez que vous êtes meilleur.

Félicitez-vous d'avoir fait de votre mieux.

Affrontez le futur, vivez au moment présent.

Comprenez que la souffrance fait partie de la vie.

Acceptez de faire des erreurs.

Respirez à partir du diaphragme.

Souriez quand tout va mal.

Soyez bon pour vous-même.

Réfléchissez avant de répondre.

Visualisez votre succès.

Prenez du temps pour vous.

Accordez du temps aux autres.

Écoutez avec intérêt.

Éliminez les fausses croyances.

Embrassez le changement.

Calmez votre esprit.

Soyez curieux.

Faites de l'exercice.

Riez.

Aimez.

Pleurez.

Soyez.

RECYCLÉ
Papier fait à partir
de matériaux recyclés
FSC® C103567

Marquis imprimeur inc.

Québec, Canada
2011

Imprimé sur du papier Silva Enviro 100% postconsommation
traité sans chlore, accrédité ÉcoLogo et fait à partir de biogaz.